ニューノーマル
シニアはひとりで世界へ！

ひとり開拓者
工学博士
岡村治男

みらい PUBLISHING

はじめに

本書を手に取っていただきありがとうございます。
長寿社会の到来に伴い、日本の高齢者の人口は増え続けています。
日本の65歳以上の人口は3624万人と、総人口に占める割合は29・6パーセントに達しています。人口、割合とも過去最高の数値です。（2022年4月、総務省統計局推計）
こうしたシニア層が生き生きと活躍できる社会にしていくことが、日本の未来にとっても非常に重要であることは間違いありません。

私も日本人シニアのひとりとして、いま、世界に向けてチャレンジをしている真っ最中です。

定年退職して、「第二の人生」を考える中で、「世界の情報格差を解消しよう」というライフワークを見つけました。

その実現に向けて、毎日、ワクワクと心を躍らせながら動き回っているのです。

実は私の会社員人生は、必ずしも順風満帆なものではありませんでした。

しかし、志を失わずに前に進んでいくと、これまでの経験がすべて報われる瞬間がやってくるのです。私がいま取り組んでいる途上国の情報格差解消プロジェクトも、当初は不本意だった配属先での経験から得た知見が、最大限に生かされています。

日本人のシニア世代は、これまでの仕事人生で培った知識と経験、人脈があります。そして日本人が本来持つ思想や精神性は、ニューノーマル時代において低迷する日本、分断が進む世界が必要とする価値観にも通じています。


会社を辞めて、たったひとりになっても、できることはたくさんある。

自分にしかない「志」を形にすることで、地域を、そして世界を変えることができる。

どんなに困難に思える壁に直面しても、必ず突破することができる。


私はそう確信しています。

本書は私の拙い経験から、人生100年時代の先頭をきるシニア世代の皆様、そしてシニア予備軍である若い世代の皆様へ、何らかのヒントを提示できればと筆を執りました。

「第二の人生」を完全燃焼すべく、ともどもに最後の一瞬まで全力で走り続けていこうではありませんか！

プロローグ　ヒマラヤの山村にインターネットがつながる日

その日、私はどこまでも蒼く澄み切った空を見上げながら、カラッとした乾いた風が吹きすさぶ山道を、ジープに乗って進んでいました。

はるか東に目を凝らすと、サンスクリット語で「白い山」を意味する世界第7位の高峰ダウラギリをはじめとする、ヒマラヤ山脈の山々がうっすらと見えます。

2019年3月、私はネパール中西部のカルナリ州ダイレク郡に位置するドゥル市に向かっていました。海抜およそ1300メートルの尾根筋に集落が細く連なっている、一番近いバス停から徒歩4時間もかかるほどの片田舎の山村です。

一番近いスルケート空港から、舗装もされていない悪路をジープで揺られること3時間半。車の振動があまりにも激しいので、私はむち打ち防止用のコルセットを首に装着して乗り込んでいました。

車窓から脇を覗けば、崖下に落下したと見られる自動車やバイクの残骸が目に入ってきます。

「一歩間違えば私たちのクルマも崖から落ちて同じ運命に……」

そんな私の不安をよそに、ジープはガタゴトと山道を進んでいきます。

途中、四輪駆動のジープがいくらエンジンを吹かしても登り切れない急峻な坂道もありました。「どうするのかな？」と思っていると、運転手が身振り手振りで「降りろ！」と言ってきます。同乗のスタッフと共に車を降りて、なんと後ろからジープのお尻を皆で押すというのです。

どうにか急坂を乗り越えると、またジープに乗り込んで出発。ヒマラヤの山間の、道なき道をひたすら進みます。

しばらくすると、今度は道路わきの山林が山火事で燃えており、白い煙が車内にも立ち込めてきます。

ネパール人のドライバーはラジオの音量を大きくして「勇気を出すんだ！」と叫びながらアクセルを踏みこみ、ジープを加速させました。

私の胸中では、人生をかけたライフワークがいよいよ現実のものとなる期待と、果たして無事に目的地にまでたどり着けるのかという不安が、交互に湧

ドゥル市に向かう途中、道路わきの山林が山火事で燃えていた

き上がっていました。

ようやく目指す現場に到着しました。

「おお〜、やってる、やってる！　順調そうじゃないか！」

私の目に飛び込んできたのは、路肩に停められたピックアップトラックの荷台に積まれた、細いワイヤー状のケーブルを束ねたリールと、そのケーブルを伸ばして手に取る村人の姿でした。

普段着で駆け付けたような村人の方々は、トラックから伸びたケーブルを素手で持つと、道路わきの山林へと進んでいきます。そして位置を確認すると、ケーブルを地面に置いていきます。場所によってはショベルで土をかけて埋めたりもしていました。

手伝ってくれた村民の皆様の表情には、まぎれもなく笑顔がありました。

この一見、何の変哲もないケーブルが、ヒマラヤの田舎にある山村にインターネットという「希望」をつなぐ命綱になるのです。

ドゥル市の未踏のジャングルに地元の住民が DIY でケーブルを敷設

私が「第二の人生」をかける事業として決めた、世界の情報格差を解消する「ソリューションＢＩＲＤ」というプロジェクト。(BIRD：Broadband Infrastructure for Rural-Area Digitalization)

その第一歩は、ネパール中西部のドゥル市に、10キロメートルの光通信ケーブルを敷設する工事でした。

２０１９年３月27日、ケーブル敷設工事は約１週間で終了しました。

工事といっても、重機を使って地中深くにケーブルを埋めるような大掛かりなことは行いません。村民の皆様に手伝ってもらい、山中の地表にケーブルを置く。ただそれだけの簡単な作業、いわばＤＩＹ（Do It Yourself＝日曜大工）のようなものです。

この光通信ケーブルによって、ドゥル市に大容量のインターネットがつながるのです。都市部から光ファイバーを有線のケーブルで村の基地局までつなぎ、そこから各家庭には無線の Wi-Fi で接続してもらうのです。

ドゥル市の風景、海抜 1300 mの山村と段々畑

ドゥル市があるダイレク郡は、健康や教育などの指標がネパールで最も低い過疎地域です。私がそのとき泊まった宿も、小さな部屋に入るとハエが30匹以上飛び回っていてギョッとしたことを覚えています。

シャワーは雨水ですし、自家発電によって賄う宿の電気は夜中には停電してしまいます。トイレは小さな個室に穴が一つ空いているだけで、もちろん水洗ではありません。

ドゥル市の人口は約4万人ですが、まともな病院はたった一つで、そこに医師が一人いるだけでした。人口あたりの医師数は日本の100分の1で、住民たちは基本的な健康状態を維持しようにも、ちょっとした診察のために何時間も山道を歩かなければならないのです。

インターネット経由によるオンライン診療ができるようになれば、病院から離れた地域に住む人たちも、気軽に診療を受けることができ、健康維持の大きな力となるでしょう。

しかしオンライン診療には、医師が患者の表情や顔色、患部の状態を正確に把握できるだけの精密な映像が不可欠です。大容量のブロードバンド通信が可能になるインターネット回線をつなぐことは、ヒマラヤの山村に住む人々の生命を守ることでもありました。

もちろん、インターネットの開通による恩恵が及ぶのは医療の分野だけではありません。子どもの半分は学校にいけない教育の改善のほか、観光、ビジネス等々、社会全般に大きな影響を与えるのは周知の事実です。

世界の人口は80億人。そのうち主に発展途上国のおよそ27億人の人々は、インターネットに接続できる環境がありません。

こうした世界の「情報格差」を少しでも解消したい。

そしてひとりでも多くの人に、インターネットを通じて正しい情報や知識に触れ、より良い生活を送って欲しい。

私が人生をかけた「志」は、ヒマラヤの地において、ついに現実のものになろうとしていました——。

ヒマラヤの山　海抜 5300m 付近

目次

第2章 あなたの「志」を打ち立てよう

第3章 さあ一歩を踏み出そう――「行動」が成功への道

第4章 壁を「突破」して完全燃焼しよう

第5章 「日本人」の価値観でニューノーマル時代を拓こう

第1章

第二の人生——「ひとり」の力を見直そう

第二の人生のライフワークを決めた瞬間

「世界の情報格差を解消する」

私がそんな大きな志をシニアからのライフワークにしようと決めた瞬間は、ある日突然やってきました。

しかしいま振り返るとそれは偶然ではなく、必然であったと思います。誰でも、これまでの人生で積み重ねた経験、仕事で培った知識や技術、あるいは悔しさや不完全燃焼感といったものが、結晶となって表れてくる瞬間が一度はあるのではないでしょうか。

それが「第二の人生」を方向づける大きな転機となるのです。


私が自分のライフワークを決めた瞬間。

それは2011年4月。国連の専門機関である国際電気通信連合（ITU）の会議に出席するため、スイス・ジュネーブの国連本部近くのホテルに滞在していたときのことです。

突然、私の脳裏に鮮やかな映像が浮かんできました。

ヒマラヤ山脈の上空をゆっくりと進む大型ヘリコプター。その機体から、黒く細い光通信ケーブルがするすると降ろされていく。地上ではそのケーブルを受け取ったシェルパ（チベット系ネパール人の高地民族）たちが、何人かで手分けしながらケーブルを素手でさばいて山岳地帯の斜面に置いていている——。

なぜ、突然そんな映像が浮かんできたのか知る由もありません。しかし気がつくと私は両眼から涙を流していました。

これだ、これでいこう。

第二の人生をかけるにふさわしい目標、生きる軸ができた。

途上国の、アクセスが悪く難しい地形に、究極の低コストで光通信ケーブルを敷設できるアイデアだ。これで、世界の情報格差を一気に解消できるかもしれない。

はじめはひとりでやるしかない。いや、ひとりだか

ヒマラヤの厳しい地形にヘリコプターから光ケーブルを直接敷設
著者の脳裏に浮かんだ想像図（ヘリの写真は著者撮影）

らこそ、この常識外れのアイデアの実現に向けて、しがらみなく自由に取り組むことができるはずだ。

心の奥底からとめどなく湧き出したそんな思いが、涙となってあふれ出たのでしょう。

シニアのライフワークは人生の集大成

シニアのライフワークは、いわばあなた自身の人生の集大成です。

会社という組織から離れた自由な立場になったからこそ、数十年にわたる蓄積を、思う存分に発揮できるのです。

私自身も会社員時代の経験や蓄積が、時間をかけて熟成され、「ヒマラヤの山岳地帯に光通信ケーブルを敷く」というビジョンとなって結実したのでした。

なぜ光通信ケーブルだったのか?

それは、私が会社員時代、光通信を専門とする技術者として約30年間、働いてきたという経験に基づいています。

一般的に、山岳地帯などの難しい地形に通信網を建設するのは高いコストがかかります。そのため、有線のケーブルを延々と伸ばすよりは、無線（固定無線か衛星）を用いる場合が多いのです。

しかし、約0・1ミリの光ファイバー1本を用いて送信できる情報量は、無線に比べて優に1000倍以上にもなります。その光ファイバーを、1本の光通信ケーブルに数十本も入れることができるのです。データ容量の観点から、光ファイバーが望ましいのは言うまでもありません。

光ファイバーを敷設するネックは、多大なコストがかかる点です。電柱を立ててケーブルを架空設置する、あるいは地表から1・5メートルほどの深さまで溝を掘ってケーブルを埋設するなど、いずれもそれぞれの敷設方法に適するように設計されたケーブルと、重機を使った大規模な工事が必要になるからです。

結局、途上国の都市部以外の地域では、基幹

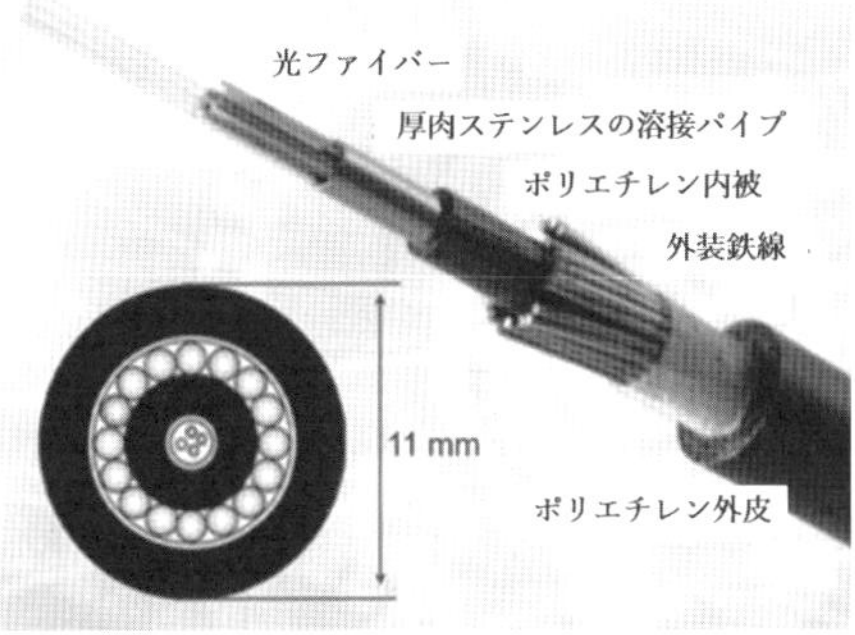

世界27億人のネット難民をブロードバンドにつなぐ切り札となる海底ケーブル由来の光ケーブルの例。
①経済性を優先するソリューションの設計コンセプト ②細径、軽量、強靭な光ケーブル構造要件 ③重機を使わず簡単に地表、地中、水中にDIY敷設する要件をそれぞれITU勧告化（国際標準化）した

通信路を除けば光ファイバーは選択肢から除外され、多くの地域では、通信容量に制限のある無線回線を用いて電話やＳＭＳ（ショートメッセージサービス）を使うのが精一杯だったのです。

私は会社員時代に海底ケーブル通信を扱った経験から、

「耐久性の高い海底ケーブルを陸地へ転用すれば、大掛かりな工事をせずとも地表に置くだけで十分に実用可能ではないか」

というアイデアを閃いたのでした。

重機による大規模な工事を必要とせず、ＤＩＹで光通信ケーブルを敷設する計画は、細部を練り上げたうえで「ソリューションＢＩＲＤ」の要件として整理し、それをＩＴＵの国際標準とすることで、途上国への全面展開を容易にしたのです。

定年退職して第二の人生を考えた際、世界でいまだ27億人もの人々がインターネットにつな

従来の光ケーブルの敷設工事
光ファイバーが金属パイプで密閉保護されていないのでケーブルが破損しないように、重機を使って地中１m以上に深く埋設する

がることができていないという「情報格差」の問題が頭を離れませんでした。

どうしたら情報格差を解消できるのか？

ずっと考え続けた末に、ジュネーブのホテルの一室で、ヒマラヤの山岳地帯に光通信ケーブルを敷くという映像が見えたのです。その瞬間、「私の30年間の会社員人生が無駄ではなかったのだ」とも実感できました。

不本意な配属先で、かけがえのない経験を得た

人生は思い通りに物事が進むときばかりではありません。むしろ、不本意な状況におかれて悔しい気持ちを覚えたり、不完全燃焼感を抱えながら過ごす年月のほうが多いのが現実ではないでしょうか。

私の会社員人生も、思い通りにいかないことばかりでした。

しかし、不本意な配属先で得た知識や経験を、シニアになってから生かすことができています。苦しんだ年月も、長い時間を経て、自分の財産へと変わっているのです。

私は学生時代、東京工業大学で機械物理工学を専攻しました。機械工学と応用物理という2つの分野にまたがる学科です。

学部4年から修士まで光学の専門家である辻内順平先生の研究室に所属し、ホログラフィー（レーザー光を使って立体像を空間に描出させる技術）の計測応用がテーマでした。

「光」についての興味はこの頃から強かったのかもしれません。

大学院を卒業後、電電公社（現・NTT）の電気通信研究所に就職します。

しかし最初から壁にぶちあたりました。私の出身学科が機械物理工学だったことで、

「ここは電気通信の研究所だぞ。機械が専門の岡村が何しに来たんだ。苦労するぞ」

と言う先輩がいたのです。

「機械物理工学ですが、私は光の研究をしてきました」などと訴えても、全く相手にしてもらえません。結局、研究してきたテーマとは関係ない、横須賀にある海洋通信研究室に配属され

NTT研究所時代、20歳台の著者
海底光ファイバーケーブルを敷設する装置の開発を担当

ました。

入社してからしばらくすると、ヘルメットに安全靴スタイルで、ケーブル敷設船に乗り込んで海に出る日々になりました。ケーブル敷設装置を開発し、それを船に積んで相模湾で海底に敷設する実験をするのです。

大自然を相手にする現場では、予想もしないアクシデントにも見舞われました。

あるときは、夜中に居眠り運転と思われる船が、私たちが乗る敷設船「黒潮丸」（5600トン）の船体側面に突っ込んできたこともあります。

大きな衝突音が聞こえた瞬間、「沈没するかもしれない！」と冷や汗をかきました。黒潮丸の船体に2〜3メートルの亀裂が入りましたが、幸運にもケガ人はなく無事に済みました。

さて、海底光ファイバーケーブルは、最深部では8000メートルもの深さに敷設され、800気圧もの圧力にさらさ

NTT（当時）の海底ケーブル敷設船 黒潮丸（5600トン）
著者が開発を担当したケーブル敷設装置　「リニアケーブルエンジン」が船尾に搭載された

れます。光ファイバーは髪の毛ほどの太さしかないガラス線ですから、外部からの物理的な衝撃に弱いのです。そのため海底光ケーブルは、強大な海水圧に耐えられるよう、光ファイバーの周囲を厳重に保護しなければいけません。

また、海底光ケーブルの途中には、精密な中継回路が入った中継器が必要です。長い光ケーブルの自重や波の影響で、中継器とケーブルとの接続部には大きな引っ張り力がかかります。それらを考慮して、引き留め装置は最大8トンまでの荷重に耐えられるよう設計しました。

このように、25歳から40歳までのあいだは海底光ケーブル関係の機械周りの開発に携わりました。光ケーブルを船から海底に敷設する装置、光ケーブルと中継装置を引き留める装置、また超音波レンズで海中の物体を可視化する映像技術の開発などです。

当初は大学時代の研究テーマとかけ離れていて戸惑いましたが、海という大自然を相手に、必死に食らいついた15年でした。

機械系のやや泥臭い仕事でしたので、社内では傍流であまり注目もされませんでした。

NTTの海底光中継装置と海底光ケーブルを繋ぐ引留め装置の実験中

しかし、このときに学んだ海底ケーブルの知見、自然と技術の折り合いのつけ方が、第二の人生で「ヒマラヤの山岳地帯に光通信ケーブルを敷く」というビジョンに結実したのです。

まさに「人間万事塞翁が馬」といったところでしょうか。

40歳での転機と、新たな分野の発見

孔子の言葉に「四十にして惑わず」とあります。しかし、現代社会に生きる私たちにとって、むしろ40歳は迷いの真っただ中にいる年代ではないでしょうか。

40歳前後でどのような行動をとるか。あるいはその時期をどう過ごすかは、シニアになってからの生き方にも大きな影響を与えます。

私はちょうど40歳を迎える頃、海底光ケーブルに関係する機械系の研究開発が一段落しました。

すると再び、「電気通信の研究所なのに、機械が専門の岡村が何でいるのだ？」という空気になってきたのです。

自分自身としても、大学院での専攻と違った分野をやっていたことで、査読のある国際ジャーナルへの研究論文が投稿できず、40歳にして「このままではマズイのではないか」と、大いに危機感を覚えていました。

ちょうどその時期に、従来よりも光信号を届けられる距離を大幅に伸ばせる「光ファイバー増幅」という画期的な技術が開発されました。これは当時、光通信の新しい可能性を開くノーベル賞級とも言われた革命的技術でした。

この技術を利用すれば、日本からアメリカまで太平洋を横断する一万キロメートル以上の距離を、光信号を光のまま届けられるのです。１９９０年代以降のインターネットなどの通信の爆発的発展は、光ファイバー増幅技術が可能にしたのです。

私が学生時代に学んでいた光計測技術やホログラフィーといった知識が生かせる分野でしたので、光ファイバー増幅技術の計測への応用の研究を始めることにしたのです。40歳を機に、海から陸へ、現場から研究室へと活動の場を移したわけです。

そして45歳のとき、光ファイバー増幅の計測応用の研究で東京工業大学から博士号をいただくこともできたのです。そこから新たな展開が生まれます。

ＮＴＴ通信研究所は、当時から光通信に関して世界トップレベルの研究成果を次々に発表していました。光ファイバー増幅技術は世界的に注目され、この分野に関する国際会議も頻繁に開かれていました。

私は英語がある程度できましたので、国際会議に派遣される機会に恵まれました。ほどなく国際電気通信連合（ＩＴＵ）と国際電気標準会議（ＩＥＣ）で、光通信システムのデジュール標準（国際的に認められた公的標準）を議論する会議の担当となり、私は光通信の中核技術の国際標準を策定するプロセスで様々な提案をするようになったのです。

８年ほど国際標準化の会議で経験を積みました。その間、アメリカのベル研究所出身で、光通信ワーキンググループの名議長だったジョン・イブス氏に「今回の会議は岡村にハイジャックされた」と言わせたほど多くの提案をし、議論を重ねてきました。

そして、ＩＴＵとＩＥＣの両方で、前任のイタリアのデビタ議長の推薦を受け、光ファイバー増幅技術と光デバイス関係のワーキンググループの議長を務めることになりました。

一兵卒のときの仕事ぶりを認知されて、その先の可能性が広がり、やがてシニアライフへのパスポートにもつながることになったのです。

また、国際標準化の会議に長く参加すると、裸の自分が、並みいる常連のエキスパートの鋭い目に繰り返しさらされます。その頃の自分の動き方や努力が、良くも悪くも後々の人生に大きく影響することになります。

会社員人生の前半戦、傍流の研究テーマで地道に頑張ってきた分、そこでマグマのように蓄積されてきたエネルギーが一気に噴出したのかもしれません。私の場合はこのときの過ごし方が、シニアを迎えた現在のライフワークを進めるうえでも大きな力となったのです。

51歳での定年退職をポジティブにとらえる発想

会社に所属しているときと、退職して「ひとり」になってからとでは、自分の心境にも大きな変化が生じます。この変化を不安に思うか、それともポジティブに受け止めるのか。それが、人生100年時代を生き生きと過ごせるかどうかの分かれ目になるでしょう。

私は51歳のとき、26年間勤めたNTT通信研究所を退職しました。

NTTの研究者は、所長以外は50歳が定年です。そのことは就職前から聞いておりましたので、特に早いという意識もありませんでした。

「60歳まで同じ会社にいるよりも、早めに外の世界へ飛び出したほうが面白いだろう」

こんな感情のほうがむしろ大きかったのです。

さらに大学から会社員時代の32年間、周囲はほぼ100パーセント理系の技術者ばかりという集団に所属していましたので、「これでは片翼飛行のようなものではないか。もっと広い世界を知るべきでは」という思いもありました。

定年が何歳かは企業や雇用形態によって異なりますが、2021年から「70歳定年制」が公的に選択肢に入りました。

私の場合は、50歳で定年になり外に出される研究所の制度は、むしろありがたく感じられたものです。

いずれにしても、会社を退職することを不安に思うばかりでなく、「ようやく自由になれた」「今までできなかったことをやろう」とポジティブにとらえていきたいものです。

私はNTT通信研究所を定年退職した後も、IECとITUという2つの国際機関で国際標準化ワーキンググループの議長を続けることに決めていました。再就職をするにしても、国際標準化の仕事と両立できるという条件は譲れません。

NTT通信研究所を定年退職した人には主に、「大学の教員になる」「他のNTTグループの子会社に行く」という2つの選択肢がありました。

しかし、大学の教員になってしまうと、これまでと同様に理科系の技術者集団に属することになります。それでは片翼飛行を続けることになってしまうので避けようと考えました。また、NTTグループの子会社への再就職は、国際標準化の仕事との両立が難しそうだったために断念しました。

そこで本来50歳の定年を1年延長してもらうことになり、継続して再就職先を探していたところ、NECの海底通信システムの事業部が私のことを受け入れてくれる話になりました。国際標準化に関する役職も継続できるとの条件でしたので、渡りに船とばかりにNECへの再就職を決めたのです。

NECも光増幅器の製品開発をしていましたので、その分野で国際標準化をリードする役職を持っている私を入社させておくことは一定の利益があると判断してくれたのでしょう。NTT時代の経験を生かす再就職ができたのは幸運でした。

人生100年時代、最大の資産は「健康」

これまで、自分自身の人生で蓄積してきた知識や経験が、シニアになってから役立っているという話をしてきました。

しかし人生100年時代、最も大切な資産は何かといえば、間違いなく「健康」です。

私も、そのことを痛感する出来事がありました。

ＮＥＣに再就職し、海底光ケーブルシステムの受注に必要な次の技術を開発するグループのリーダーを務めました。当時は通信バブル絶頂期ともいえるほど事業は好調で、1件1000億円という規模のプロジェクトの受注に向けて多忙を極めました。

夜までＮＥＣの仕事、深夜に国際標準化の仕事を片付ける二足の草鞋で、まともに食事もとれない有様です。

国際会議に出席するためスイス・ジュネーブに出張していたある日のこと。ホテルの館内でＮＴＴ時代の後輩にばったり会ったのです。彼は私を見るなり、「岡村さん、お願いですからもう仕事を辞めて下さい」と涙目で懇願してくるので驚いてしまいました。

どうやら、私があまりにも痩せていくので、古巣のＮＴＴ研究所では「岡村はガンになった」という噂が流れていたようです。

自分では健康なつもりでしたが、今までジャストサイズだったズボンがゆるゆるになるほど痩せてきて、さすがにこんな生活は長続きしないと思いました。ＮＥＣには2年半ほど在籍したところで、転職を決意したのです。

ちょうどそのころ、標準化の国際会議で親しくなった友人のひとりに、アメリカの光ファイバーメーカーであるコーニング社の幹部ジム・マテウスさんがいました。その彼に「国際標準化の役職は維持したままでいいから、うちの会社に来ないか？」と誘われたのです。

50代でアメリカの超一流企業での仕事を経験できるという魅力と共に、一抹の不安も感じたのですが、悩んだ末に挑戦することにしたのです。ＮＥＣは光ファイバーを多く使っていましたので何かと好都合ということもあったのか、退職を了解していただきました。

人生１００年時代における最大の資産は「健康」です。どんなに知識や人脈や経験があったところで、健康がなければあなたの能力を生かすことはできません。シニアの方はなおさらです。健康にはくれぐれも注意して、身体に無理をかけるような働き方は慎んで下さい。

会社を離れたから、新たな「師」との出会いがあった

日本人のビジネスパーソン、特に男性は、会社以外の人間関係が希薄だと言われます。

定年退職したシニア男性が、誰とも会わずにずっと家にいてテレビばかり見ている……。そんな「濡れ落ち葉」のような生活を送っている様子も見聞きします。

会社を辞めたら誰にも会わなくなってしまったというのではなく、「会社を辞めて自由になったからこそ、今までと違った新しい出会いがあるはず！」と、発想を転換してみませんか？

私も長年勤めたNTT研究所を辞めてから、人生の「師」とも言うべき人との、大切な出会いがありました。


NECからコーニング社へと移って半年ほど経ったある日のこと。NEC時代の後輩と都内でお酒を飲む機会がありました。そこで彼がこんな話をしたのです。

「私は今、青山学院大学の大学院でMBA（経営学修士）の勉強をしているんです」

私も、理科系一辺倒で生きてきたので、知識と経験の幅を広げる必要を感じていたところでした。早速、調べてみると、なんと明日が募集締め切りというではありませんか。

「こんなタイミングの一致は偶然ではない。やってみろというサインだ」

そう決めた私はその翌日に、入学願書に必要な人事部長のサインを勝手に書いて提出したのです。

そんな勢いで、青山学院大学のEMBA（Executive MBA）コースに入学しました。ちなみにEMBAとは、実務経験を重ねたマネジメント層（管理職）が履修する、MBAより高度な内容を学ぶコースです。欧米では、EMBAとMBAは明確に区別されています。

そのEMBAコースで出会ったのが、統計学者の吉田耕作先生でした。

吉田先生は終戦直後、日本の製造業の生産性向上に大きな影響を与えた統計学者デミング博士のもとで学び、ニューヨーク大学で博士号を取得。カリフォルニア州立大学で23年間、教鞭を執られてきました。

吉田先生はその後、「日本の生産性の根源――競争と協調」という短い論文をデミング博士に送り、その中で「日本は競争原理だけに基づかず競争と協調を上手くバランスすることによって今日の成功を得た」ということを説明しました。すぐに返事が来て、「この論文はアメリカを変える。アメリカは君を必要としている」とまで言われたのです。

吉田先生はそこから「デミング哲学」の完成と発展に根源的な貢献をされました。デミング博士が亡くなる1993年までの7年間、年20回、延べ20万人を相手に全米で実施された「デミング4日間セミナー」で助手を務めたのです。吉田先生はピーター・ドラッガーや、ときには当時の副大統領ダン・クエールと並んで基調講演をするほどの有名人になられました。

このセミナーがその後のクリントン大統領の時代（1993～2001年）に、IT革命とあいまって、それまでのアメリカの巨額の赤字を解消した「労働生産性の奇跡」の原動力となったことは日本ではあまり知られていません。

吉田先生は1997年に「日本の国際競争力を向上させたい」と帰国し、青山学院大学で後進の育成に当たっていたのです。

国際競争力の低迷は、日本が抱える深刻な問題の一つです。その大きな要因は一人当たり労働生産性の低さです。

吉田先生はサービス産業の生産性を向上させる理念と方法について、「成果主義のアメリカでは、できる人ほど出世できません」「できる人を年俸制にすれば会社の業績は落ちます」「数値目標はやってはいけません」などと力強く述べられていました。理科系の世界しか知らなかった自分にとっては、まさに目からウロコが落ちるような衝撃でした。

講義を受けるうち、吉田先生が実践的に展開している「クリエイティブダイナミックグループメソッド（CDGM）」こそが、その特効薬になると確信しました。

ごく簡単にいうと、職場の問題を解決する「デミング哲学」と、数人のグループによるボトムアップで問題を発掘し、楽しみながら議論し解決する。これを繰り返しながらサービス業部門職場の生産性力を高め、社員の問題解決力を高めてゆくメソッドであり、日本人の持つ利他や協調、全体を良くするといった精神とも非常に相性が良いものです。

私は吉田先生の2度目の授業を受けたあと、研究室を訪ねて「先生の活動のお手伝いをさせて下さい」と願い出たのです。それから現在に至るまで、吉田先生が主宰されている「ジョイ・オブ・ワーク推進協会」のお手伝いをしています。

会社の外に飛び出して新たな学びの場に身を置くことで、「専門バカ」になりかけていた自分に足りなかった価値観や哲学を学ぶことができました。

今ではＣＤＧＭを日本のサービス産業に浸透させることが、世界の情報格差を解消することと並んで私のシニアからのライフワークになっています。

吉田先生という「師」との出会いは、いくつになっても学び続けることの大切さと喜びを私に教えてくれたのです。師が築き、身に纏っている価値には、言葉を交わし、酒を飲み、人間性に直接触れることでしか受け継げないものがある。書籍を読み、言葉を聞くだけでは伝わらないことがある、という実感です。

師と呼べる人と出会えたことは誠に幸運だったと思いますが、昔の後輩と交流し、そこから「ＭＢＡの勉強をする」とひとりで新しい挑戦を始め、更に勇気を出して吉田先生の研究室を訪ねたことで、その機会に巡り会えたのです。

突然のリストラ！　いざというときに人間の本性が出る

とはいえ、シニアの人生は順風満帆な時期ばかりではありません。

リストラなどの試練は、あなたの頑張りにかかわらず会社都合でいつやってくるかわかりません。いざというときにどう振る舞うのか、人間の本性が出ます。その姿を、周囲の人たちは実によく見ているのです。

コーニング社に勤務しながらＭＢＡの勉強をして、充実した日々を送っていましたが、1年半ほど経ったときに思わぬ試練がやってきました。

通信バブルが崩壊して、コーニング社の株価が暴落してしまったのです。コーニング社はすぐに業務削減を行いました。部門が閉鎖になると、日本企業ではそこの社員を別の部署に異動させるでしょう。しかしアメリカ企業はドライで、会社都合で全員解雇が普通です。

私も例外ではなくリストラの対象となり、クビになってしまいました。

こうした非常時に、人間の本性が出るのです。

私と同様にクビになった人たちの多くは、会社に対して文句を言ったり、歯向かったりしていました。「なんで採用したのにすぐクビにするのか」「消化していない有給休暇がまだ20日残っているからその分のお金をくれ」など、いろいろな要求を訴えていたようです。

一方、私はというと、不思議なほどに冷静な心境でした。

「そろそろ独立して自由にやりたいことをやろうか」

「会社を辞めても、国際標準化会議の議長という役職が自分には残る」

こうした思いがあったので、会社への精神的な依存度が低く、動揺しないですんだのでしょう。会社の決定にも淡々と従っていたのです。

するとリストラを担当していた日本法人の副社長が私に言いました。

「岡村さん、あなたは大変立派だ。クビになった人たちは誰もが何かしらの悪態をついて辞めていった。岡村さんだけは非常に紳士的で一言も文句を言わなかった。とても立派です」

このように評価してくれました。もちろん、クビという決定は覆らなかったのですが……。

何日かして会社から「アドバイザー契約で残ってくれないか」と声をかけられて、コーニング社の社外アドバイザーという立場で契約を結ぶことになりました。

そして私は、専門分野である国際標準化のノウハウを武器に独立することを決めました。日本の高い技術力を国際展開するお手伝いをする、国際標準化コンサルタントとして、自分の会社である株式会社グローバルプランを設立し、現在に至ります。

リストラという非常事態に、他人に文句を言うのではなく、自分を見つめ直し冷静に対処する。結果的にそうした振る舞いが自分を助けてくれたのでした。

誰にも奪えない「ポータブルスキル」を培おう

突然のリストラで会社を追われても動揺しないためには、組織に依存するのではなく、「自分はひとりになってもやっていける」という自信を培っておくことです。

そのためには、たとえ今の会社を離れても、自分自身の財産として持ち運ぶことができる「ポータブルスキル」を身につけておくことが大切です。それは会社を離れても通用する、あなた自身の知識・経験・人脈、客観的に実力を証明する肩書や資格などになるでしょう。

私はコーニング社をリストラされたときも、国際標準化という自分の専門分野があることで動じずにすみました。その専門分野のおかげで、正社員としては解雇した会社からアドバイザーとして再契約されることにもなり、独立後の財政基盤にもなっているのです。

ITUとIECという2つのメジャーな国際標準化会議で光通信の高速・大容量化、経済化の鍵となる光増幅技術の標準化のリード役であることは、世界のどこに行ってもアピールできる客観的な立場でもあります。国際会議の役職は、所属する会社や国は関係なく、多くの場合「その人」が前任の議長に推薦され国際合意されるのです。外国の会社に転職しても、あるいは独立しても、「その人」がリーダーを務められるのです。

一方で、「部長」「課長」といった社内の役職は、会社都合でいつ無くなるかわかりませんので、それだけを自分の拠り所にするのは不安です。

ひとりになっても持ち運べるポータブルスキルを身につけることは重要ですが、会社の仕事を否定するわけではありません。私が国際標準化という専門分野を得ることができたのも、NTT通信研究所時代の業務経験が基になっています。

シニア世代が「第二の人生」で何か新しいことを始めるにしても、まずは会社員時代の知識や経験、人脈を活用することから考えてみるのが得策です。

いま会社員として働いている方は、「業務を通じて得た経験や人脈は、自分自身のポータブルスキルになるかどうか」という視点を常に忘れず、仕事に取り組んで下さい。

同じ仕事でも、誰かの指示通りにこなしているだけの人と、自分のポータブルスキルになるぐらい血肉化しようと取り組んでいる人とでは、長い年月を経て大きな差がつくことは間違いありません。

私の場合はもともとひとりで動くことが好きな性格なことに加えて、NTT通信研究所で最初に担当した仕事が通信の傍流だったこともあって、社内政治に関心を持たず自分の関心領域を突き詰めてきたことが、シニアになってプラスに働いている面もあります。

たとえ会社を離れてひとりになっても、あなた自身が培ってきた知識、経験、人脈は誰にも奪うことはできません。

ドイツの哲学者ニーチェは「足下を掘れ、そこに泉あり」との格言を残しました。価値あるものは自分のすぐそばにある、という意味です。自分の中にある知識・経験・人脈といった宝を掘り起こして、輝かせていきましょう。

「ひとり」だからしがらみなく自由に動ける

「会社を離れてひとりになると、信用もなくなり、大きな仕事ができなくなるのではないか？」

「やりたいことをできないのではないか？」

そんな疑問を投げかけられることがよくあります。

私の考えは全く逆です。

「ひとりだからこそ、突拍子もないアイデアが実現できた。ひとりだからこそ、組織のしがらみもなく自由に動けたのだ」

柳田國男から「日本人の可能性の極限」と言われ、植物学・生物学・民俗学など多方面で活躍した南方熊楠（1867～1941）のような本物の実力者は「（雇われ）人となれば自在ならず」といって、19歳からひとりで世界に挑戦しました。

私は普通に会社に入り、与えられた分野で限られた経験を積み、定年し、2回の転職と1回のリストラを経験し、シニアになって自分の会社を立ち上げました。そこからようやく自由の意味を体感し、残りの人生を託す「志」をようやく探しあてたのです。

つまり私は、いわば生活のためだった会社人生で結果的に身につけた知見を糧に、ひとりになってから人生の後半を生きる軸としての「志」を決めることができたのです。そして、明確な「志」として、「途上国の情報格差の解消」を掲げるに至り、今のプロジェクトを進めることになったのです。

海底光ケーブルの技術を地表で利用するという「ソリューションBIRD」の設計思想を、ITU勧告という形で国際標準化できたとき、「ひとりだからこそできた」と実感しました。

これまで、通信インフラは信頼性優先で設計、建設するのが当たり前でした。しかし開発途上国の奥地で皆がインターネットをサクサク使うためには、通信インフラはまずは経済性を優先し、そのうえで信頼性はベストプラクティス（努力目標）で良いと考える。その逆転の発想を国際標準化会議に提案したのです。

信頼性は完璧でなくても、「ないよりはマシ」(better than to have nothing) という、日本を含む先進国の企業が興味を抱かなかった発想は、ひとりだからこそ主張できたのです。

ＩＴＵ勧告草案が無事に合意された際、「このことはすぐに広くアピールする必要がある」と考えた私は、旧知の間柄であるＩＴＵ事務総局次長であるマルコム・ジョンソン氏に、情報格差の解消に向けて新しい設計思想が合意されたと説明に行きました。

私の話を聞いたジョンソン氏は、

「岡村さん、これはすごいことです。すぐに『ＩＴＵニュース』に掲載しましょう」

と即決され、ただちに専属記者を呼んで私のインタビューが始まりました。

そして翌日には私の話した内容が『ＩＴＵニュース』で私の記名記事となって、ＩＴＵのウェブサイトと、世界１９３のメンバー国へのメール配信がされたのでした。

この一瞬の判断で動けることこそ、ひとりで仕事を

Subscribe Topics About

Emerging Trends

November 21, 2016

New ITU standard can help bring broadband to rural communities

New ITU standard can help bring broadband to rural communities

November 21, 2016 · by itu4u · in Uncategorized · Leave a comment

Connecting the unconnected is often described as an unprofitable exercise. My view is quite different. The Information Society cannot be truly global, a true digital reflection of humanity's knowledge, without connecting all the world's people. Our profit motive? Preventing social loss and inequality.

Broadband has the potential to bring rural communities within reach of education, healthcare, financial services and new opportunities to do business and improve their quality of life. But advanced countries also have a great deal to learn from distant cultures, which have preserved values, traditions and knowledge now forgotten by many modern societies.

ITUニュース -「新しいITU標準が途上国の奥へブロードバンド導入を助ける」

する力なのです。

仮に日本企業の会社員であれば、担当者の一存で国連機関のナンバー2に会いにいくことは不可能でしょう。役員や社長までの了解をもらうのにかなりタイムロスが生じるはずです。小さな理由で反対する上司がいるかもしれません。

社内の決定プロセスを進めることだけでも大変なエネルギーを消耗しますから、よほどの信念がなければ、新しいチャレンジや前例のない取り組みに躊躇してしまいます。

ひとりだからこそ、しがらみなく自由に動けました。おかげで「情報格差解消のためには信頼性より経済性を優先する」という逆転の発想を、国際合意まで持っていけたのです。


実は、「ソリューションＢＩＲＤ」を国際標準にすることを国内で提案した際、日本のケーブル産業界は大反対しました。

３年ほど後に、ある展示会の席上で、当時日本のケーブル産業界を代表して反対意見を述べた人と偶然再会しました。彼は申し訳なさそうにこう打ち明けてくれました。

「当時、岡村さんの提案を潰すことが会社の至上命題でした」

また別の日本のケーブル会社の課長は、当時ジュネーブで私に「私個人としては魅力的な提案だと思いますが、社員としては賛同できなくてすみません」と言ってくれ、陰で様々に協力してくれました。

反対した彼らもまた組織人としてのジレンマに悩まされていたのです。

世界中で愛されている小説『ドン・キホーテ』の主人公は、従者サンチョをつれてひとりで遍歴の騎士となって世の中の不正を正す旅に出ました。子供のころの夢を追い、トロイの遺跡をひとりで発見したシュリーマンの話も有名です。

シニアになり、ひとりになって、ようやく自由を手にしたときこそ夢を追う生き方をしてみたいものです。

シニアになってもフットワークは軽く

「会社の肩書がなくなると、これまで培った人脈を維持できないのでは?」

そのように心配する人もいらっしゃるでしょう。私もそう思っていた時期がありました。

会社を退職してからも、それまでの人脈を維持し、新しい人脈を開拓していくために最も必要なことは、「フットワークの軽さ」です。

例えば、会合や飲み会に誘われたら、必ず顔を出すのです。相手や内容によっては億劫なときもあるでしょうが、そうした場合は「用事があるので最初の1時間だけ顔を出します」と言っておけばいいでしょう。

人との接触機会を増やして、「いま誰が何をしているか」の情報を仕入れることです。同時に「いま自分は何をしているのか」も、自慢にならない程度にアピールしておきます。

人と人とは、どこでどうつながっているかはわかりません。たとえその場にいなかった人でも、情報は行き来します。

「今日は来ていないけど、Aさんはいまこんな仕事しているらしいよ」

こんな何気ない会話から、後日「そういえば今度の案件、Aさんがやっている分野と近いから何か手助けしてもらえるかもしれない。連絡してみよう」と思い立ち、それがビジネスになることだってあり得るわけです。

逆に自分自身が何をしているかもアピールしておけば、その場にいた人が別の場所で話題にしてくれるかもしれません。

MBAの取得を決意したのも、NEC時代の後輩との飲み会がきっかけでした。

またその他にも、大学教授をやっている後輩と食事をした際には、「学生たちに私の国際経験を話してあげたい。もちろん謝礼はいらないから」と伝えておいたら、実際に大学で講義を受け持つことになりました。

過度な期待は禁物ですが、「次につながる情報が何か得られれば儲けもの」くらいの軽い気持ちで、誘われた機会には顔を出しておくようにしましょう。


現実には、会社員時代の人脈がすべて「自分自身の人脈」となるかといえば、そんなことはありません。自然と疎遠になる人も増えてくるのはやむを得ないことです。

一方で、ひとりになったからこそお互いに組織のしがらみから解放された立場で出会い、心が響き合って友情が生まれたケースも多々あります。

私はお酒を飲む場が好きなので、たまにひとりでふらっと行くことがあります。偶然となりに座っただけの人にも、上機嫌で話しかけてしまうことがあります（笑）。そこから生まれた人間関係も、第二の人生を彩る大切な財産になっています。

地元の出身中学の一学年上の女性がやっているスナックにはよく行きますので、常連さん同士のゆるやかなコミュニティができています。

また一方で、横須賀の細い路地にあったバーで知り合ったアメリカ人が、実は海軍のエリート士官だったことがわかって驚いたこともありました。この方は後にアメリカに戻ってから、ポストイットで有名なスリーエム社の副社長になり、最近彼の娘さんとビジネスでご一緒する間柄にもなりました。

会社を離れてひとりになるのは寂しい面もありますが、反対にしがらみという「鎧」を脱ぎ捨てて自由になれるチャンスでもあります。ですから、最初から本音を打ち明けることもしやすくなり、偶然の出会いから友情が生まれることも増えた気がします。

打算もしがらみもない出会いから、自分と相手の波長が響き合って、予想もしない新しい価値が生まれるのです。それが、シニアの人生にどれだけプラスの影響を及ぼすかは計り知れません。ひとりになったからこそ味わえる人生の醍醐味といえるでしょう。

体力のハンディはデジタルとオンラインでカバー

シニアが新たなチャレンジをしようとしても、体力のハンディを理由に躊躇する場合があるかもしれません。

しかし、体力のハンディの多くは、デジタルツールの活用でカバーできるのです。

２０２０年以降、新型コロナウイルスの感染拡大により、日本だけでなく世界中で社会のあり方が大きく変わりました。ニューノーマル時代が到来したのです。

私の仕事という面で一番の変化は、オンライン会議の普及ではないでしょうか。

コロナ禍で国外移動が制限される事態は、私のように国際会議での仕事がある人間にとっては非常に厳しい状況に思われました。

しかし実際には2020年4月頃から急速にオンライン会議が普及します。Zoomをはじめとして、Skype、Teamsなどといったオンライン会議ソフトによって、コロナ禍でも世界中の人々と顔を見ながら会議ができるようになりました。

むしろ、多くの人が長距離を移動するという物理的・経済的負担から解放され、国際会議を開催しやすくなった側面もあります。

私もコロナ禍では主にオンラインで国内外の会議やセミナー、打ち合わせなどに参加し、ビジネスをほぼ滞りなく進めることができています。

ただし、リアルな現場で光通信ケーブルというモノを設置する必要がある「ソリューションBIRD」については、コロナによって計画の遅延が生じてしまいました（すでにプロジェクトは再開しております）。

シニア世代になると、デジタルツールに対して苦手意識を持つ方もいらっしゃいます。それは無理もないことかもしれませんが、私に言わせると大変もったいないことです。

むしろ、体力が衰えてきたシニア層こそ、デジタルツールを使って効率的に仕事を進めていくべきです。知識や経験は若い世代より蓄積されているわけですから、デジタルツールで体力のハンディをカバーできれば、まさに「鬼に金棒」です。

私も日によっては、午前、午後、夜と1日に3～4回の会議に参加することもあります。対面で行う会議では、移動するだけで疲れてしまい無理なスケジュールですが、オンライン会議なら余裕でこなすことができます。

先日、世界情報社会サミットで、準備期間が短い中で6か国からパネリストを呼んでオンラインワークショップを開催しました。『公益資本主義』の著者で岸田首相の経済政策にも影響を与えている、事業家の原丈人さんも香港から気軽に参加して下さいました。オンラインの威力、便利さに改めて驚きました。

一般的なノートパソコンであればカメラもマイクも搭載されていますから、すぐにオンライン会議に参加できます。スマートフォンでも問題なく参加できますので、やり方を覚えるだけで世界が広がります。

また、これまで日本人のハンディとされてきた問題に英語力があります。オンライン会議では、自動翻訳や即時字幕化などの機能を駆使することで、英語力のハンディをある程度はカバーすることも可能です。もちろん、国際的な仕事をしたければ英語力が必要なことには変わりませんが、これまでよりハードルが下がったことは確かでしょう。

一方で、デジタル一辺倒になることの弊害も意識しておく必要があります。

オンライン会議は対面のコミュニケーションほどの密度を持つことはできません。必要な議題について意見を交わすことはできても、本筋から外れた雑談や、ちょっとした打ち明け話などといった「本音」のトークをするのは難しいのです。

深い人間関係を作りたいのであれば、やはりリアルな場に出かけていって対面でコミュニケーションをとることも必要です。

自由な働き方で、家族や介護とも両立ができる

シニアの年代になると、自分の仕事のことだけ考えていればいいわけではありません。家族や子育て、あるいは親の介護など、いろいろな悩みを抱えながら働かなければならないのが現実です。仕事一辺倒で生きていけるほど甘くはありません。

そうした状況だからこそ、ひとりで自由に動ける働き方を目指すべきなのです。

会社を離れてひとりになったとき、とても重要なのは家族との関係です。

私自身もいま独立してやりたい仕事をできていますが、それは元気に暮らしている家族、特に妻の支えのおかげだと感謝しています。妻のサポートは会社員時代からではありますが、家庭のことや、2人の子どもの子育てについても、多くの部分を引き受けてくれました。

このように書くと旧態依然とした夫婦像のように見えるかもしれませんし、ジェンダーレスの現代においては様々な家族の形があります。大切なことは、パートナーや家族に対しての感謝の念を忘れずに持ち続けることではないでしょうか。

私が心がけているのは、お互いの日々の活動についての情報、特に将来の夢や目標について、妻と共有するような会話を行うことです。私ひとりではなく、夫婦で一緒だからこそやり遂げられる目標だということを、お互いに再認識できるからです。

同時に、妻がやりたいことも精一杯サポートすることも心がけています（どこまで実行できているかは自信がありませんが……）。

日々の会話のなかで、ときには妻から予想もしないような鋭い指摘があったりして、それが現実のビジネスの軌道修正に役立つこともあるのです。

両親の介護は、私も非常に悩んだ経験があります。

ただ私の場合、運がよかったのは介護が発生した時期にはすでに会社員を辞めており、独立して自由な立場で働ける環境だったことでした。

自宅そばの公営住宅に応募したところ当選したので、自分と両親が移り住みました。そして私が介護をしながら在宅で仕事をこなすという形で、両親の世話をしました。

母親が先に心臓の病で急逝し、その後は福祉のお世話になりながら寝たきりの父親を世話しましたが、最期は民間のメディカルホームのお世話になりました。海外出張のあいだは妻がいつも泊まり込んでサポートしてくれました。

まだ会社員を続けていたら、果たして介護と仕事を両立できたかどうか。それはやってみないとわからないことですが、はるかに困難な状況になっていたと思います。

会社という組織に頼って仕事をするのではなく、ひとりで仕事ができるポータブルスキルを身につけておくのは、介護などの問題が生じた際にも大きな力となるのです。

「自立できる人」になるために

私と同世代、あるいは少し上の世代のシニアを見ていると、自立して生き生きと日々を送っている人と、そうでない人がいるのが分かります。

自立できる人には、何が必要なのでしょうか？

一つの観点としては、「会社の外でも通用するスキルや見識が身についているかどうか」が挙げられます。

退職したシニアで元気をなくす人は、「俺は一部上場企業で部長をしていたんだ」などと過去の肩書にすがってみるものの、他人からは全く相手にされないので、その認識のギャップで落ち込んでしまうのでしょう。

会社の肩書を取り払った、ひとりの人間としての「あなた自身」が問われてくると、年下の人や、地域のおじさんおばさんたちとも気軽に話ができるコミュニケーション能力や謙虚さということがまず必要になります。

そのうえで、話す内容にも一定の見識が感じられなければ周囲から尊敬されません。本を読んで世の中を知り、世界の中の日本について思いを馳せる。歴史や宗教、文化といった教養を深めつつ、自分自身の価値観というものをしっかり確立しなければなりません。

ふとしたときに会話の端々に出てくるアドリブの内容でも、聞く人が聞けばその人の見識はうかがい知れてしまいます。

会社組織を離れた第二の人生は、余生ではなく、「あなた自身」が問われる真剣勝負の場であることを自覚するべきです。

シニアになって自立できる能力は、一朝一夕に培われるものではありません。本書を読まれている「シニア予備軍」の方々は、早めに準備をしておくことをお勧めします。

大まかですが、40代、50代、60代で意識しておくべきことを挙げてみましょう。

・40代……まずはいまの職場で与えられた仕事を一生懸命やること。その仕事を通じて自分の知識や人脈の幅を広げて、外の世界に通用するには何が必要かを理解し、更に実力を磨く。今は「生活のための人生」と割り切る中でも、これからの「人生のための人生」に向けて、自分が依って立つ価値観を揺るぎなきものにする努力を忘れない。

・50代……社内でどこまで出世できるかが明らかになる時期。多忙になり、責任が重くなってきても「人生100年時代」に自分はどうするかを設計し始めるべき。多忙であっても、会社のために自分を犠牲にするのではなく、自分で自分の人生を切り開く覚悟を固める。

・60代……会社を辞めても自分のモチベーションが維持できるだけの「志」を確定させること。本を読んだりセミナーに参加するといったインプットだけでなく、アウトプットを意識的に行う。それは自ら本を書く、あるいは町内会長などこれまで経験しなかった役職をやるなど、行動せざるを得ない場に自分を置いて、行動を通じて自己実現を図る。（「志」については第2章で説明します）

40代、50代、60代とそれぞれ右記のような点を意識して過ごすことで、シニアになっても自立して生き生きと楽しむ人になれるはずです。

これまで組織のため、会社のため、生活のためと、自分自身を押し殺して、不完全燃焼の思いで働いてきた人も多いことでしょう。しかし、会社を離れてひとりになるからこそ、好きなように自由な仕事ができるようになります。

まさに「主役は自分！」になれるのがシニアの醍醐味です。シニアからの可能性は挑戦すればするほどリアルに広がってくるのです。

ひとりで動けば、その結果もすべて自分で引き受けることになります。私自身もそうしたプレッシャーはありますが、やりたいことに突き進む道を歩める喜びを味わいましょう。第二の人生こそ、「主役は自分！」の思いで大いに楽しもうではありませんか。

【第1章のポイント】

①シニアのライフワークは、これまでの人生の集大成である

②会社を辞めて「ひとり」になったことを、不安ではなくポジティブにとらえよう

③会社を離れても通用する知識・技術・人脈などの「ポータブルスキル」を持とう

④ひとりだからこそ、組織のしがらみがなく自由に大きな仕事ができる

⑤健康こそ最大の資産。体力のハンディはデジタルとオンラインの活用でカバーできる

第2章

あなたの「志」を打ち立てよう

第二の人生をかけるに値する「志」とは

シニアが第二の人生をかけるべきライフワークは、「お金のため」だけではもったいないと考えています。

生活のためにはお金も大事ですが、せっかく手にした自由です。より大きな「志」に基づいた活動をしてこそ、生き生きと充実した第二の人生を送れるのではないでしょうか。

あなた自身が第二の人生を、何を軸に生きていくのか。その「志」を打ち立てるところから、すべてが始まるのです。

私が考える「志」とは、一般的に使われる「夢」や「目標」といった言葉よりも、もう少し深い意味を持っています。

「志」という言葉を辞書で引くと、次のような説明が出てきます。

・ある方向に向いている心の働き。しようと思う気持。意向。
・高潔で、むやみに変わることのない気持。高尚な精神。志操。

・目的をはっきりとさだめ、その実現のために努力しようとする気持。

（『日本国語大辞典』より）

こうした一般的な語意を踏まえたうえで、私は「志」を次のようにとらえています。

・残りの人生を賭けて世のため人のため達成すべきもの
・これまで生きてきた人生の集大成として、誰にも指図されず自由に紡ぎ出すもの
・人生を豊かにし、達成すれば深い満足を与えてくれるもの
・自分を高め、自己実現する中で達成するもの

人生をかけるに値する「志」は、ある日突然、天から降りてくるように見えても、実際には自分自身のなかに溜まっていたエネルギーが抑えられなくなり、あふれ出してくるものだと思います。

「志」が具体的なイメージとなって見えてくる瞬間は突然やってくるかもしれませんが、実際には意識的か無意識かの違いはあれど、長いあいだ悩み、探し求めてきたテーマが、第二の人生をかける「志」になっている人が多いのです。

親の影響、職場の経験、いま置かれている立場、社会とのかかわり方など、「志」に影響を及ぼす要素は多数あります。

第二の人生において自らがより高いところを目指すという、自己実現の意欲を奮い立たせれば、自分を支える「志」のヒントは見えてくるのではないでしょうか。

あなたの「志」はどこにあるのか

「志」を遂げるために勝負するフィールドを見つけるために、まずは自分のキャリアや知識、技術の棚卸しをしてみましょう。

自分には何ができて、何ができないのか。それは他人に言われるまでもなく、自分が一番よくわかっているはずです。仮に会社員時代の自分に不満や不完全燃焼感があったとしても、その経験も含めてあなたの強みになるはずです。

あなたの力、これまでの経験や知識を最大限に発揮できるフィールドはどこにあるのか。じっくりと考えてみましょう。

「志」を探すにあたっては、会社員時代に身を置いた分野や自分が歩んできたキャリアを踏まえて、次のような視点から考えてみるとヒントが見えてきます。

・自分のキャリアで培った知識や経験が時代のニーズに生かせそうか
・シニアになっても意欲を持って続けられそうか
・体力や記憶力の低下を加味しても続けられそうか
・ＡＩ（人工知能）にとって代わられない領域かどうか
・若い人たちと競合しても優位性を保てるかどうか
・（キャリアに不満があったとすれば）その不満をどうすれば解消できたか
・自分が抱えていた悩みや不満で、同じように悩んでいる人はいないかどうか
・「世のため人のため」になるかどうか

こうした視点で、自分に何ができるのかを振り返りながら、第二の人生を勝負するフィールドを探すのです。

特に今後は、「ＡＩにとって代わられない領域かどうか？」は重要な視点となってきます。オックスフォード大学の調査では、今後の20～30年間で、実に49％もの仕事がＡＩに代替される可

能性があると指摘されています。

単純な事務作業や知識の蓄積だけでは、ＡＩに圧倒的な優位性がありますから、人間に勝ち目はありません。

ＡＩにとって代わられない領域として考えられるのは、「人間を相手にする領域」ではないでしょうか。

例えば医師にしても、自分が見てきた症例をもとに診断するだけに留まるのでは、膨大なデータを瞬時に参照できるＡＩのほうが優れているといえます。そこで、目の前の患者さんが何を不安に思っているのかを推察し、想像力を発揮して、相手に寄り添う姿勢を見せるといったことは、ＡＩにはできません。人間の医師にしかできない領域です。

人間にしかできない仕事は何かを考え、そのサポートとしてＡＩの力を活用する。今後はこうした働き方が主流になるでしょうから、シニアの活動もそれを意識して行う必要があるでしょう。

人によっては、「これまでのキャリアとは違ったフィールドで勝負したい」という方もいらっしゃるでしょう。

その場合、自分の「志」の実現に必要だが未経験な分野があるはずなので、その部分をどうやってフォローアップするのか。その分野が得意な人とパートナーシップを組むのか。それとも自分が一から勉強をするのか。具体的に計画を練る必要があります。

個人的には、「これまでのキャリアで、不満がありながらも身につけた知識や経験」が、自由な立場になってから花開くことがあるのではないかと思います。私自身がそうだったということもありますが、周囲のシニアを見ていてもそういう人が散見されます。

自分の経験に固執する必要はありません。しかし、せっかく長い年月をかけて歩んできたキャリアですから、その一部だけでも活用できる領域がないかどうか、考えてみる価値はあります。

それが「世のため人のため」に役立った瞬間は、「あのとき苦労したことにもこんな意味があったのか」と、自分の人生を肯定する感情も湧きおこり、無上の喜びとなるでしょう。

長年の不満からあなたの「志」が見えてくる

ひとりになって自由を手にした瞬間に、これまでの長年にわたる会社員人生で抱えていた不満があふれ出してくるということもあるでしょう。

長年の不満を、不満のままで終わらせてしまう人もたくさんいます。それを「志」にまで高めるためには、まずはあなた自身がこれまで歩んできた人生を見つめ直し、背負ってきたものを反映する形で「世のため人のため」に何ができるのか、考えてみることが必要です。

　その意味では、会社員人生のあいだに何らかの不満を抱えていた人も、それを卑下する必要はありません。マイナスがプラスに転じて、不満が「志」となって人生を輝かせることもあるのです。


　私の場合は、会社員時代に培ってきた光通信と国際標準化の知見をフルに生かして、第二の人生を「世界の情報格差を解消する」という「志」を掲げて生きています。

　情報格差の問題に対する関心が芽生えたのは、国際標準化の会議に参加するようになって抱いた不満からでした。

　２００５年から12年まで、私はＩＴＵ－Ｔ（国際電気通信連合・国際通信標準化部門）のＴＳＡＧ（電気通信標準化諮問会議）でアジア代表の副議長を務めていました。

　その会議では、光通信以外にも通信料金、サービス品質、ＩＰネットワーク、情報セキュリ

ITU の電気通信標準化諮問会議（ITU-T・TSAG）の会議模様
各研究グループの議長、国の代表が出席する。著者が副議長席から撮影

ティなどの最新技術などについて論じられました。私は世界の通信市場のニーズを幅広く俯瞰し、それらの標準化を効率よく進めるための戦略について担当していました。

そのなかで、世界の情報格差が深刻な問題であることが見えてきたのです。

しかし、私が所属していたＩＴＵ－Ｔは標準化を議論する場であり、開発途上国の通信網整備はＩＴＵ－Ｄ（電気通信開発部門）という別部門の管轄であったため、情報格差の問題について議論することができませんでした。

そもそも、先進国の通信産業界は、途上国の通信網整備という議題には関心がありません。貧困な地域からは利益が期待できないからです。欧米からの委員も、途上国の情報格差は放置するしかないという感覚で、格差がもたらす社会損失にも興味を示しませんでした。

そのことに不満を抱いていた私は、２００５年11月に開かれたＴＳＡＧの会議で、新技術をめぐる他の機関との標準化の主導権争いに注力していた従来の路線から、「協調」を重んじる方向へと転換することを主張しました。

そして、08年から11年の標準化戦略の文言から「market driven（市場主導）」「competition oriented（競争志向）」という語を削除して、「cooperate and collaborate（協同、協力）」「needs and interests of membership（加盟国の要求と関心）」といった語を盛りこむことで、国際合意を得たのです。

私の中にあった「競争より協調」という基本的な価値観を具体的な形にできたこの成功体験は、情報格差解消に向けた活動をする出発点ともなりました。

しかしその後、国内、国外の様々な場において情報格差問題に取り組むべきだという発言を続けてきましたが、個人的には「そうだよね」と言ってくれますが、その方向で技術なり考え方なりの提案をしてくれる人や企業はきわめて少なかったのです。

日本のメーカーにも、途上国の奥地にブロードバンドを提供できるようなソリューションの開発を呼びかけましたが、総論賛成、アクションなしという対応がほとんどでした。

結果として、世界の情報格差解消というテーマを大きなうねりに育てることはできず、そうした私自身の「不満」が、後に「志」となって昇華したのだと今では思います。

「志」と「自分のできること」をつなげる

どれほど高邁な「志」を掲げても、自分の能力やできることとあまりにも乖離していては、「絵に描いた餅」になってしまいます。

理想と現実のギャップを越える橋を架けられるかどうか。そこはじっくりと考えたいものです。

私の場合は、自身の技術者としてのキャリアで得た知識や経験と、その中で感じていた不満とが結びついて、第二の人生をかけるライフワークを具現化することができました。


途上国のデジタル難民をインターネットにつなげることによって、救うことのできる人命や社会損失には金銭に替えられない重要な価値があるはずです。

しかし、貧しい途上国の奥地にインターネットをつなげる事業は、光ケーブルを使う方法の場合、ケーブル敷設工事費がかさみ、利益が出る算段がたたないため、これまで誰も手を付けてきませんでした。

だからこそ、ひとりでも何かができるチャンスだと感じました。

一方で私は、途上国にインターネットをつなげるだけでは不十分だと考えていました。

これまでの常識では、インフラ工事が難しい地域には無線通信を導入すればいいとされてきました。しかし無線通信を導入しただけでは、とりあえずインターネットにつながっても回線容量が少ないので、スマホ、タブレットなどのインターネット端末数の爆発的増加をカバーし、現在すでに主流になりつつある映像のやりとりにサクサク対応するには不十分です。

それでは、情報格差は低減したと言えても、私の造語で「通信速度格差（data-rate

divide)」という新たな情報格差が生じます。また、ブロードバンドがつながる都市部と、低速な通信速度の過疎地域という、国内格差が生まれてしまいます。

かといって、低軌道通信衛星は例えばスペースXの「スターリンク」では1万2千台の衛星を1兆円以上かけて打ち上げます。低軌道通信衛星の回線容量は光ケーブルに数十本入っている光ファイバー1本の回線容量にも遠く及ばず、寿命も姿勢制御用の燃料の制限などで5年から7年と短いのです。

これでは、途上国で将来にまで十分な容量のインターネット接続を提供できないのです。巨大プロジェクトの覇権争い、軍事利用、巨額の投資資金回収の必要性も複雑に絡み、途上国の過疎地域のユーザーに広く恩恵が届くか、まだまだ不透明です。

厳しい自然環境によってインフラ工事が難しい途上国の奥地にも、高速通信網をどうやって早く広範に安価で整備できるのか？

この難問に答えられる方法が、光通信用の海底ケーブルの技術を陸上で使う、私独自の「ソリューションＢＩＲＤ」だったのです。

私がこれまでの会社員人生で培ってきた、海底光通信と国際標準化という2つの知識がフルに活用できる「ソリューションＢＩＲＤ」をひらめいた瞬間、

「これを第二の人生のライフワークにしよう！」

と決めたのでした。

「技術者なのだから、具体的な技術のソリューションで世の中をよくしたい」という想いのなかで、「志」と「自分にできること」が一本の線でつながり、迷いなく走り出すことができたのです。

あなたの「志」が世界を変える

新型コロナウイルス感染拡大は、私たちの生活様式や社会のあり方を大きく変えました。

「ニューノーマルの時代」において、志を持った日本人のシニアが活躍できる場所は無限にありますし、これまでの経験を生かして社会に貢献する責任もあると思うのです。

そして、ひとりのシニアが掲げた「志」は、世界を変えるインパクトすらあるのです。

新型コロナウイルス感染拡大が世界的に猛威をふるった2020年6月、国連のグテーレス事務総長は、「医療情報にアクセスできない人々にとって、情報格差の改善は『生死にかかわる問題』になっている」と発言しました。

発展途上国のデジタル難民を放置することは、様々な社会的損失を生む危険があることが、新型コロナという脅威によってようやく国際社会にも認知されようとしています。

情報格差が解消されない国や地域では、人権・正義・平等・公正といった価値観が損なわれています。自然災害や感染症への正しい知識が普及できなければ、それは多くの人々の「生死にかかわる問題」になってしまいます。まさに、地球と人類の持続可能性を脅かすことであります。

情報格差の問題を放置するならば、いま世界が取り組んでいるSDGsの理念など、とうてい実現できないでしょう。地球温暖化と同様もしくはそれ以上に深刻な問題だと思うのです。

ブロードバンドのインターネットが途上国の奥にまで広く浸透すれば、2015年に国連で採択されたSDGsが掲げる17の目標のうち、少なくとも次の10項目が大きく前進を始めるはずです。

①貧困をなくそう／②飢餓をゼロに／③すべての人に健康と福祉を／④質の高い教育をみんなに／⑧働きがいも経済成長も／⑨産業と技術革新の基盤をつくろう／⑩人や国の不平等をなくそう／⑪住み続けられるまちづくりを／⑬気候変動に具体的な対策を／⑯平和と公正をすべての人に

だからこそ私は、2011年に着想したソリューションBIRDがSDGsのカンフル剤になると確信し、ビジネスの枠を超えて世界展開させるため、まずはその要件を国際標準化すべきと考えました。

株式会社日立製作所の武田晴夫技師長も「ＳＤＧｓに最も重要な技術ファクターは通信だ」と言われました。（２０１８年10月29日、情報通信技術委員会講演）

そしてフランスの経済学者トマ・ピケティは、２０１４年に発表して世界的ベストセラーになった著書『21世紀の資本』のなかで、次のように述べました。

収斂を後押しするメカニズムをまず考えよう。つまり、格差を減らし圧縮する力だ。収斂に向かう主要な力は、知識の普及と訓練や技能への投資だ。（中略）知識と技能の分散こそが、全体としての生産性成長の鍵だし、国同士でもそれぞれの国内でも格差低減の鍵となる。

（トマ・ピケティ著、山形浩生・守岡桜・森本正史訳『21世紀の資本』みすず書房）

格差の解消のためには、知識と技能の普及が必要なのです。現代社会において、知識の普及にインターネットが大きな力を発揮するのは間違いありません。

しかし、世界の多くの国々でインターネットがつながっているからこそ、いまだにアクセスできないまま取り残されている国や地域との格差は逆に広がってしまうのです。

ところが、情報格差の解消には、「発展途上国にインターネットを普及させる事業なんかやっても採算がとれない」「絶対に儲からない」と、どこの国の企業も手を出したがりません。

それは日本も同様です。数学者の藤原正彦氏も「我が国もまた『たかが経済』にハイジャックされ、恥ずべき国家群に仲間入りしたのだ」と述べています（藤原正彦著『管見妄語　できすぎた話』新潮文庫）。

甚大な社会損失のリスクを防ぐべきとの立場は、短期収益指向の企業ではむしろ抵抗勢力とされるのです。だからこそ、途上国の情報格差解消は、私がひとりでやるしかないと志を決めたのです。

シニアのライフワークは世界情勢とも無関係ではない

2022年2月24日、ロシアによるウクライナ侵攻が始まりました。核攻撃の可能性も否定できない深刻さです。

ミサイルや戦車などによる物理的な軍事侵攻と並行して、サイバースペース（情報空間）における覇権争いが行われ、「ハイブリッド戦争」という面でも注目されています。

私にとっても、情報格差をなくしてあらゆる地域に正しい情報が行き届くことが平和にとってどれほど重要か、再認識する機会となったのです。

シニアのライフワークも、新型コロナやウクライナ侵攻といった世界情勢とは、当然ながら無関係ではいられません。


侵攻後すぐに、ロシア軍はウクライナの通信網へ火力攻撃やサイバー攻撃を加え、ウクライナをサイバースペースでも孤立させる動きがありました。

ウクライナのデジタル転換相でもあるヒョードロフ副首相は、アメリカのスペースX社CEO（最高経営責任者）イーロン・マスク氏にツイッターを通じて連絡をとりました。

ウクライナ国内の通信インフラが破壊されてもインターネットに接続できるように、スペースX社が運用する低軌道衛星のインターネットサービス「スターリンク」を利用できるように要請したのです。

イーロン・マスク氏も即座に手を打ち、2月27日には「スターリンクはウクライナで利用可能である」と表明しました。スターリンクが提供するブロードバンド接続環境によって、ウクライナは軍事行動だけでなく、公的機関や市民によるSNSへの投稿などにインターネットを使うことができ、そのおかげで日本人も戦況を知ることができているのです。

一方でロシア国内では厳しい報道規制がしかれた「インターネット鎖国」のような状況があり、西側諸国の報道やSNSに接することのできる国民は少数です。そのため多くのロシア国民は、当局のプロパガンダ（宣伝戦）によってプーチン大統領の「特別軍事作戦（ロシアは戦争という言葉を使っていない）」を支持しているといわれています。

国連は2022年6月、ロシアのウクライナ侵攻の影響によって、途上国などの16億人が食料、エネルギー、金融で危機にさらされていると警鐘を鳴らしました。

悲惨な戦禍の報道を見るにつけ、正しい情報に接することの大切さを想います。今回の戦争に限らず、大規模災害・貧困・人権抑圧・感染症や環境問題など、地球規模の課題に対しては情報を世界が共有して全員参加型のコンセンサス（合意）を形成し、課題解決に当たりたいものです。

私が情報格差解消の志を掲げて行動し始めてから約7年が経ちました。緊張感を増す国際情勢にあって、途上国へのインターネット整備は、個人の志という領域を超える課題です。共生を旨とする国として、日本が総力を挙げて取り組むべき急務であると訴えたいのです。

いずれにしても、インターネット通信環境を整えることの意義、そして世界の情報格差を解消しなければ本当の平和も持続可能な未来もないということを、ウクライナ侵攻によってあらためて私は痛感したのです。

模範解答はない、必要なのはあなたの答え

日本人のシニアが第二の人生でせっかく手にした自由を存分に楽しみ、充実して生きていくために心がけておいて欲しいことがあります。それは、

「第二の人生に『模範解答』などは必要ない！」

ということです。

よく言われることですが、日本では講演会などの席上、講演が終わった後の質疑応答の時間に質問をする人があまりいません。これは私も海外で講演したこともあるので実感するところです。

私たちがやっている技術分野の講演の場合、講演の内容に技術的な誤りがあればそれを指摘する人はいますが、自分の意見を述べる人はほとんどいません。

「自分の無知をさらしたくない」

「模範解答と比べて間違っていたことを言ったら恥ずかしい」

そうした意識が働くのでしょう。

男性で、ある程度の年齢になってしまうと、「下手に質問をして、『こんなことも知らないのか』と思われるのはカッコ悪い」と、余計なプライドが邪魔をしてしまうこともあるかもしれません。

特に日本企業の場合、減点主義で人事査定されることも多く、「彼はあのとき間違った」という評価をつけられたくないのです。最後に出てきた結論に照らして、途中で違うことを言うと、決して間違ったわけではないのに「間違った」という印象が残ることもあります。

だからこそ、難しい問題は「みんなで話し合って決めよう」となるのです。これは一見、民主的なやり方のように見えますが、実は単に責任逃れの方便に使われることが多いように見えます。「私はこう考える」でなく、「こういう考えもあるかも」と言えば気が楽ですが、それでは危機管理はできないし、志を貫くこともできないのです。

604年に、聖徳太子（厩戸皇子）によって施行された日本初の憲法である「十七条憲法」の第十七条にはこうあります。

「十七に曰く、夫れ事独り断むべからず。必ず衆《もろもろ》と共に宜しく論《あげつら》ふべし」（物事は独断で行ってはならず、必ず皆で適切に議論しなくてはならない）

日本最古の憲法にもすでにこう明記されていました。まさに「和を以て貴しとなす」の精神であり、日本人の美徳でもあります。

一方で、和を乱す人間は集団からつまはじきにされ、村八分になってしまいます。そうした人間は自分の遺伝子を残せませんから、結果として日本人は和を貴しとする遺伝子が強く残ったのかもしれません。

その結果、日本社会は同調圧力が強くなってしまい、ひとりの人間として自分の意見を主張できなくなってしまった面もあるのではないでしょうか。

自由になると、あなた自身の人間性が問われる

長い会社員生活で、多くのシニアには「模範解答を言わなければいけない」という固定観念が沁みついてしまっているのです。

そのほかにも、「失敗してはいけない」「みんなに認められないといけない」「波風立ててはいけない」「突っ張ってはいけない」などの固定観念もあります。

こうした固定観念は、会社を離れてひとりになり、「志」をたてたら、さっさと脱ぎ捨ててしまいましょう。

むしろ、これまで会社の中で周囲に合わせて大過なく日々を送ってきた人にとって、ひとりになったシニアの時期のほうが大変かもしれません。


「あなたはこの問題をどう考えますか？」

「あなたはどう答えますか？」

「あなたは何をするのですか？」


このように「あなた自身の答え」が問われてくるのです。

自分が何によって立つのかが明確になっていなければ、自信を持って仕事をすることも、他人に接することも難しくなってきます。自由である半面、あなた自身の価値観や人間性が問われていくのです。

私が「志」の重要性を説くのも、こうした現実があるからなのです。

シニアになってからも、成長を止めてはいけません。できれば師を求め、学び続けること。そして世のため人のために通じる「志」を持って生きること。生き生きとした毎日を送るためには欠かせない要素なのです。

私も、技術畑オンリーで会社員時代を送ってきました。しかし思い立って50代にして畑違いの分野の大学院に通ったおかげで、そこで師とも出会い、自分自身の価値観を更に深める幸運に巡り合ったのです。

自由な立場になったからこそ、あなたという人間の持つ志が問われてきます。そのためにも、シニアになってからこそ新たな分野を学んだり、自身のライフワークで挑戦を続けながら、人間性を磨き続ける必要があるのです。

「世のため人のため」というブルーオーシャン戦略

シニアには数十年の仕事人生で培った知識や人脈があるのは確かですが、それだけで大資本の企業と真正面から競争して勝てるほど、ビジネスは甘いものではありません。

そこでシニアにお勧めしたいのは、企業があまり参入してこないフィールドを見つけて勝負するということです。

企業が参入しないフィールドを見つけるためには、「世のため人のため」という視点から探してみることが有効です。

シニアが掲げる「志」として、「世のため人のため」という観点を強調するのは、私が聖人君子のような人間だからというわけでは決してありません。

「世のため人のため」という観点から見えてくるビジネスや活動は、短期的には儲からないことが多いのです。

私がいま取り組んでいる、途上国に光ケーブルでインターネットをつなげる活動も、「利益にならない」と国内外の大手企業が手をつけない領域でした。

利益になる領域は、当然のように大手企業が参入して競争が激化している、いわゆる「レッドオーシャン」となります。資本も人員もないシニアがひとりで勝負するには分が悪く、大手に価格競争に持ち込まれると勝ち目はありません。

一方で、利益にならないと見られている領域は大手企業も参入してきておりません。競争相手のいない未開拓市場である「ブルーオーシャン」が広がっています。

シニアが「世のため人のため」になる、儲からなくても社会にとって重要な仕事を志向するのは、いわば「ブルーオーシャン戦略」であり、理にかなった生存戦略なのです。

日本には「武士は食わねど高楊枝」ということわざがあります。

武士は、たとえ貧しく物が食えなくても、食べたようなふりをして楊枝を使うとの意です。武士は貧しても不義を行わない、また矜持の高いことをたとえたことわざです（『日本国語大辞典』より）。

つまり自分自身が空腹であっても、世のため人のためを思って不義を行わず、矜持を持って振る舞うことを美徳とする考え方が日本にはあるのです。

逆に欧米では、自分たちの生存が保障され、飢餓や貧困などの欠乏状態が満たされた裕福な人が、財産を寄付したり、社会問題解決のための財団を立ち上げたりという光景はよく見られます。ビル・ゲイツやカーネギーはその代表例でしょう（この背景にはキリスト教の考え方もあります）。

私が発展途上国の情報格差解消を志したのも、欧米流の資本主義の考え方ではこの問題は絶対に解消されないと思ったからです。なぜなら、「採算がとれない」「利益が出ない」という自分たちの利益にとらわれている限り、採算を度外視して情報格差解消に乗り出す人は出てこないと考えました。

「世界の誰もやらないなら、私がやるしかない」

「たとえ自分は大変な目にあっても、実現すれば喜んでくれる人がいる」

大それた言葉に聞こえるかもしれませんが、こうした思いが私の「志」の土台となっているのは確かです。

「『志』はこうあらねばならない」と窮屈に考える必要はありません。しかし、「自分自身のため」だけの活動では多くの人の共感を呼ぶのは難しいのです。

多くの日本人にとって、「世のため人のため」という観点があってこそ、その「志」は第二の人生をかけるにふさわしいものになるのではないでしょうか。

それは結果として、利益を追求せざるを得ない大企業との競合を避けることにつながり、ひとりで頑張るシニアにとって最適の生存戦略となるのです。

儲からなくても社会にとって重要な仕事

「世のため人のため」になる仕事とは、言い換えれば「儲からなくても社会にとって重要な仕事」のことです。

シニアが、自分のキャリアで培ってきたビジネスの能力を、第二の人生で「儲からなくても社会にとって重要な仕事」を舞台に生かしていくことは、世の中にとって大変有益なことであります。

儲からなくても社会にとって重要な仕事は、公務的な性質のものが挙げられます。例えばNGO（非政府組織）やNPO（非営利組織）は、企業のような営利団体ではありません。何らかの社会的課題に対する活動をする代わりに、国から税制や補助金などの優遇を受けられたりもします。

こうした団体の活動も、組織をつくってプロジェクトを遂行するという意味では企業に似ています。一概には言えませんが、非営利団体の運営にあたる人たちには、ビジネス経験がある人たちはまだまだ少ないように見受けられます。

そこで、シニアが企業で働いてきた経験を生かし、NGOやNPOで社会課題への取り組みや業務の改善にあたることは大変有用ではないでしょうか。

トヨタ自動車の製造ラインで実践されている生産性向上のノウハウ（カンバン方式、ジャストインタイム、カイゼン、社内顧客の考え方など）を、取捨選択して非営利団体の活動に取り入れたとすれば、活動が効率化し、団体を更に発展させることもできるでしょう。

最近では、社会的課題を事業によって解決する「社会起業家」という存在もクローズアップされています。

社会に生じている何らかのマイナス面に着目して、その問題の解決を目指す。こうした活動は短期的には利益につながらないかもしれませんが、だからこそ手つかずのブルーオーシャンとして残っています。

私がかつて所属していたNTTでも、島田明副社長（現社長）が「社会課題を解決するにはNTTグループは何ができるのか、その方法がなければつくり出していきましょう」と述べられました（NTTグループ第7回CSRカンファレンス、2020年2月7日）。

企業も社会的責任を果たさなければ成長が難しい時代です。私も、ネパールの山村で光通信ケーブルを敷いてインターネットをつなげたとき、現地の村人の人たちが喜んでくれた笑顔が忘れられず、脳裏に鮮明に焼き付いています。

「世のため人のため」に仕事をすれば、あなたの行動で誰かが喜んでくれるのです。それは、ただお金を稼ぐことを超えた、人間が本来持っている根源的なやりがいに結びついているのだと思います。

こうした活動は、シニアが第二の人生をかけるにふさわしい舞台だといえるのではないでしょうか。

自分の「志」を次世代に引き継いでいく

シニアが「志」を掲げて生きるならば、もうひとつ意識したいことがあります。

それは「自分の志や生き様を、次世代に引き継いでいく」という観点です。

次世代とは、自分の子や孫という場合もあるでしょうし、仕事や地域で知り合った若い世代の人々もあるでしょう。

私も、「志」を持って生きていくことの大切さを、裁判官をしていた父から受け継いでいます。

父の岡村治信は、1917年に東京で生まれました。東北帝国大学の法律学科を1941年に卒業し、司法官試補（裁判官と検察官の候補生。現在の司法修習生）となります。

しかし、日本が戦争へとまっしぐらに突き進んでいた時代でした。父も志願して海軍に入り、海軍主計科士官として第二次世界大戦に従軍しました。

戦争中、父は北洋や南洋でさまざまな海上作戦に従事し、生死の狭間に立たされるような極限状況を何度も経験したようです。仲間の死もたくさん見てきたことでしょう。生きて終戦を迎えられたのは全くもって幸運だったと言うよりほかありません。

「同胞の死を無駄にしないためにも、力の限り生き抜く」

このように心に決めて、戦中、戦後と生きてきた父でした。

なお父が従軍中、激務の合間を縫って書き溜めてきたメモは、『青春の柩　生と死の航跡』（光人社NF文庫）として1冊にまとめられ、出版されました。戦場に散った同胞たちの記録を、なんとしても留めておきたいとの思いがあったのでしょう。


戦後は、横浜地裁や東京地裁などの判事、そして札幌高裁や東京高裁の裁判長を務めるなど、65歳の定年まで裁判官として職務を全うしました。

元裁判官の原田國男氏は、著作のなかで父の思い出をこのように綴って下さいました。


ある事件で弁護人が岡村裁判長の訴訟指揮に不満を持って、忌避を申し立てたことがあった。すると、すぐに休廷し、弁護人を裁判官室に呼んで諄々と諭され、弁護人は、法廷で心から非礼を詫びた。こんなことは、私にはとてもできない。岡村さんが定年退官された日は、普段と全く変わりはなく、淡々と残務を処理され、旧高裁の階段を裁判官・職員らに見送られて降りていかれた。まさに、さわやかな一陣の風が吹き抜けていくようであった。このことも、自分が退官するとき、まねにしてもそうしたかったが、とてもできなかった。人間の器が違う

と実感した。（原田國男『裁判の非情と人情』岩波新書）

私も知らなかった父の一面でした。

そもそも私がこの世に生を受けたのも、父が戦争を生き延びてくれたからです。そしてひとりの職業人としても周囲から尊敬された父の背中を見て育ったことで、私も社会正義や公正といったことに思いを馳せる人間になることができました。

自分がこの世に生かされている意味を考え、いま我が胸に燃える「志」を大事に生き抜いていきたい――。

父のことを思い出すたびに、そう決意を新たにするのです。

そして私が父から「志を持つ生き方」を受け継いだように、私自身も次世代に何かを遺していけるよう、第二の人生を精一杯生き切る決意で日々の活動に取り組んでいるのです。

【第2章のポイント】

①お金だけではない、あなたの人生をかけるに値する「志」を探そう

②長年の会社員人生で抱えていた不満こそが、あなたの「志」のヒントになる

③会社の肩書がなくなると、あなた自身の意見や人間性が問われてくる

④「世のため人のため」の仕事は、利益目的の企業が参入しないブルーオーシャン

⑤自分の「志」や「生き様」を、次世代へと受け継いでいく気持ちを持とう

第3章

さあ一歩を踏み出そう ――「行動」が成功への道

ひとりになる助走期間に必要な学び

いよいよ、シニアの皆様が新しい世界へ一歩踏み出して、行動を起こすときです。

あなたの「志」を実現するための助走に入りましょう。

起業して最初からそのビジネスで利益が出るという順風満帆なケースはごくわずかです。自分が踏み出そうとしている新しい分野について情報収集し、謙虚に学ぶところから始めていきましょう。

自分の経験と「志」をベースにしつつ、シニアでひとりになって、できることは何か。そして次世代に引き継ぐために何を行動すべきか。それを考えることで、「志」がより具体的になり、自分がなすべき行動は何かが明確になっていくのです。

いまの時代、学ぼうと思えば、その方法はいろいろあります。

❶先に退職した会社の先輩や、すでに独立している知人などに話を聞く

生の体験談を聞くことで、自身のビジョンがより明確になったり、あるいは修正すべき点が見つかったりします。会社員であれば先に退職した先輩は何人もいるでしょうから、話を聞い

てみるといいでしょう。お金がかからないのもメリットです。

❷大学や大学院、あるいは資格試験などの学校に通う（通信教育なども含む）

私も仕事をしながら青山学院大学の大学院（ＥＭＢＡコース）に通い始めたことで、自身の世界が広がり、シニアになってやるべきテーマも明確に見えました。その道の一流の人から学べることは何よりの財産です。ただし、学校に通うには多かれ少なかれお金がかかりますので、計画的に実践しましょう。

❸自治体などが開催するシニア向けの就業・起業講座などに参加してみる

高齢化社会へ対応すべく、自治体などでシニア向けの各種講座を開催しているところもあります。都道府県や市区町村など自治体のホームページなどで確認してみましょう。「起業・創業支援」「中高年のビジネスプラン」「地域おこし・地域創生」などのテーマで調べてみると良いでしょう。多くの場合は無料、あるいは格安の料金なのも魅力です。

❹書籍、あるいはインターネットで独学する

「シニア」「起業」などのテーマの書籍は多数出ています。またインターネット上にも情報は

たくさんありますし、最近はYouTubeで発信している人も多くいます。玉石混交な面もありますので、複数の情報に触れて取捨選択するのが良いかと思います。書籍代がかかるとはいえ、情報の密度からすれば割安といえるでしょう。

私の場合、青山学院大学の大学院（EMBAコース）入学したことが助走期間のスタートでした。

それ以前より、技術の分野一辺倒で知識が偏っていることは自覚していましたが、学ぶ機会はありませんでした。

標準化の国際会議に出席する中で、あまりにも多種多様な人々と接し、良くも悪くも日本では考えられないような反応に翻弄されました。技術を扱う「人」とは何かについて学ぶべきだと思い、大学院（EMBAコース）での学びの道へ飛び込んだのです。

新たな分野を学び始めることは、会社に勤めながらでもできます。副業については禁じられている会社もありますが、学校に通ったり個人的に学ぶことはどんな会社にいても自由にできます。まずは自分の興味があることや、第二の人生で取り組みたいことについて学び始めるところから助走期間をスタートさせましょう。

誰かに話すことでモチベーションが高まる

助走期間であっても、自分のやろうとしていることや、「志」を誰かに話すことで、更にモチベーションが高まる効果があります。

家族や友人、あるいはセミナーなどで知り合った人に、自分がこれからやろうとしていることや、「志」として掲げたいものなどを話してみるのはいい方法です。

日本人は「不言実行」をカッコいいと思う風潮がありますが、誰にも言わず自分の胸中だけに仕舞っていた目標は、いつしか風化してしまいがちです。誰かに話すことで「言ってしまったからにはやらなければ」という、いい意味での強制力が自分自身に働くようになるのです。

また、目標や「志」を口に出すことで、それを聞いた人から新しい情報や人脈を紹介してもらえることもあるでしょう。

私は2013年5月22日、兵庫の鏑射寺で今空海と言われる中村公隆住職と100分間お会いする幸運を得ました。そのとき「(ソリューションBIRDについて) それは日本人がやるべき仕事に当てはまると思う。元気を出しておやりなさい」という言葉を戴き、大いに勇気付けられたのです。

私は会社を辞めた後に、ＮＴＴ通信研究所時代の先輩や後輩の人脈をたどり、20以上の大学や大学院で講義させてもらう機会がありました。

標準化の国際会議などで経験し考えたことを中心に「国際人の素養」というテーマで、日本人の価値観や欧米との比較などについて学生たちに講義をしたのです。

講義を聞いた学生たちからは、「人生観が変わった」「笑いたくなるぐらい痛快だった」「居酒屋のバイトをするような時間がもったいないと感じた」などの感想が寄せられました。

逆に、「『宗教を学びなさい』『アルバイトより勉強を』などと言われたくない」といった否定的な意見もありましたが……。

ともあれ、若い学生たちに講義をすることで、少しだけかもしれませんが「次世代に何かを引き継ぐという役割を果たせたのではないか」という感覚がありました。そして、講義を聞いてくれた学生たちに恥じない自分自身になろうという気持ちも強くなったのです。

イギリスでは、ある一定の条件を満たすシニアは、リタイアした後も家で休んでいるわけにはいきません。たとえ足が痛くとも、杖をつきながら大学へ行って、自らの現役時代の経験を学生たちに話すことが義務づけられていると聞きます。こうした心意気は、日本人のシニアも大いに学ぶべきでしょう。

「志→アイデア→実行」のステップで進む

前章で「志」を立てる重要性について述べましたが、「志」だけでは机上の空論になってしまいます。

現実の行動に移すためには、「志→アイデア→実行」というステップで進んでいく必要があります。

「志」という大目標を、「アイデア」として世の中のニーズと自分のできることに落とし込んでいく。そのアイデアが実現可能な段階まできたら、できることから順次「実行」していくのです。

例えば私の場合でいえば、次のようなステップになりました。

❶**志**……途上国の情報格差を解消する

❷**アイデア**……海底光ケーブルを地表に敷くのであれば低コストで実現可能

❸**実行**……海底ケーブルのメーカーに協力を依頼し調達体制を確保
プロジェクトの実施地を訪問し行政府より許可を得る
ケーブル施設工事を担う現地スタッフを募集する　等々

このように「志→アイデア→実行」のステップを経るごとに、抽象的だった「志」が具体的に実行できるアクションとして落とし込まれていけるのです。

「アイデア」はあなたのキャリアを意識

「志→アイデア」のステップでは、あなた自身のキャリアが大きく影響します。

これまでの経験と蓄積してきた知識や技術から、「今の自分にできること」はある程度わかってくるでしょう。

そのなかで、自分が長年にわたってやりたかった課題、納得できなかった事情などから、「これからの自分がやりたいこと」を探します。すでに見えていたり、見えかかっている方向について、世の中のためになる、やりがいを感じられる方向を掘り下げていくのです。

シニアの人生をかけるのですから、大きな課題にこしたことはありません。

また、長年にわたって関わっていた土俵での勝負なら、情報へのアクセスも容易になりますし、他の人と比べてさまざまなアドバンテージがあります。自分でなければ挑戦できない「志」を見つけるのです。

そして、「志」と「できること」が交わる点が、「アイデア」になるのです。

あなたが大企業の社長であれば、アイデアだけポンと出して指示すれば、社員が実行してくれるかもしれません。しかし、シニアがひとりでチャレンジしようとしているわけですから、実行部隊もあなただけです。「現実的に実行できることは何か」という観点からアイデアを練ることも必要です。

私の場合、そもそも光通信の中でも海底ケーブルの機械周りは傍流の分野でしたし、その海底ケーブルを地表に敷くというのは誰もやっていなかったので、ライバルがいないフィールドで勝負することができました。

「実行」をためらってしまう原因は？

「アイデア→実行」のステップでは、どちらかというと必要なのはあなた自身の決意や勇気といった心の領域になります。

世のためになり、確かな勝算を感じられるアイデアであれば、自然に実行に踏み切れるはずです。

実行をためらうということには、何らかの理由があるはずでしょう。主に次のような点が心配になって、踏ん切りがつかないと考えられます。

・真に世のためになるかの調査が足りない
・技術的に実現可能かの調査が足りない
・自分の能力の見極めが足りない
・資金面や経済的な不安がぬぐえない

実行に移せない不安は、健康面や家族の問題を除けば、このあたりから生じることが多いのではないでしょうか。

不安を抱えたまま実行に踏み切るのは得策ではありません。「失敗したらどうしよう」という不安が、本当に失敗を引き寄せてしまうこともあるからです。

「急がば回れ」です。アイデアを実行に移せない原因はどこにあるのかをしっかり把握して、準備期間にその不安要素を取り除くようにしておきましょう。

ただ、慎重になりすぎてはいつまでたっても実行できません。60点ぐらいの確信があれば踏み出してみるという選択肢もあります。資金的なリスクが小さければ、一人ですから失敗も自分だけが被れば良いのですから。

私は、「海底ケーブルをヒマラヤの地表に敷く」というアイデアが思い浮かんだ瞬間から、ワクワクする気持ちが抑えきれず、早く現実にしたくて仕方がないといった心境で、「アイデア→実行」のステップを一瞬で越えてしまい、そのまま突っ走ってきました。

そのくらい自分の人生が凝縮されたアイデアを練り上げるということが、成功の秘訣といえるのではないでしょうか。

オリジナルの「肩書」を名乗ろう

会社員時代は、名刺に書かれた会社の役職が、あなたを表す肩書になっていたと思います。「○○株式会社　販売促進部　第2課　課長」「株式会社○○　宣伝企画部　部長」といった肩書です。

会社を離れてひとりで活動するようになると、所属する組織がなくなり、自分を表す肩書がなくなったように感じて不安を覚える人もいます。退職してからも「俺は○○株式会社で部長をしていたんだ」等々、前職の肩書をひけらかす「痛いシニア」になってしまう人もいるようです。

会社を離れたあなたを縛る存在は今や何もないのですから、ここで心機一転、自分を表現するオリジナルの肩書を考えてみてはいかがでしょうか。

私も、シニアになって自分自身をアピールするのに効果的だったのは、オリジナルの「標準化代理士」という肩書でした。その他にも、「ブロードバンド・エバンジェリスト（伝道者）」というオリジナルの肩書をホームページに掲載しています。

オリジナルの肩書を活用する際のポイントを5つ挙げてみます。

❶自身のキャリアを振り返り、経験してきたことを棚卸しする

「標準化代理士」は、「海事代理士」のような公的な肩書ではなく自称ですが、私がやってきた標準化という専門分野をストレートにアピールできます。また中小企業で国際標準化のノウハウを持っているところは多くありません。技術提案の絞り込み、英文寄書執筆、国際議論への参加などを代行できるという意味で「代理士」と名乗ったのです。あえて「コンサルタント」としなかったのは、「～コンサルタント」を名乗る人は結構多いので、差別化したいという意図もあります。

仮に「標準化代理士」を公的資格とすれば、標準化へのハードルを下げ日本技術の国際競争

力を大幅に強化できるのではないでしょうか。

❷公的な資格や学位を持っていれば活用する

私は「標準化代理士」という肩書のほか、その時々に求められる役割に応じて、「NTT通信研究所研究者」「早稲田大学客員教授」「工学博士」など、誰にでもわかりやすい肩書も使い分けていました。

特に海外では博士号と大学教授の肩書はアピールポイントになります。

❸ターゲットを明確にする

例えば「ITコンサルタント」という肩書だと、分野が広すぎるため、逆に何ができるのかが漠然としてターゲットがぼやけてしまいます。私の場合は、「途上国にブロードバンドをつなげる」という活動をしていますので、「ブロードバンド・エバンジェリスト」とも名乗っています（エバンジェリストは「伝道者」の意）。「なぜブロードバンドなんですか？」という問いをきっかけに話が弾むのです。

❹キャリアを列挙しすぎない

名刺に肩書を並べすぎると、何ができる人間なのか相手には伝わりにくくなってしまいます。また、「この人は自己顕示欲が強いな」と嫌らしい印象を与え、かえって信用されない可能性もあります。その場合は、複数の種類の名刺をつくって、肩書を使い分けたほうが効果的でしょう。

❺「ワンワード」で自分を表現する肩書を考える

活字よりショート動画のほうがアピールする力が強いように、現代は長々とした説明が読まれない時代です。短い一言、「ワンワード」の肩書を考えてみて下さい。コピーライティングのセンスも必要ですので、得意な人に依頼するのもいいでしょう。

場合によっては、客観的な能力や資格だけでなく、あなたの性格や趣味などの人間性を表すワードを入れてみるのも、相手への印象付けや会話のきっかけには有効です。

（例）「お笑い好きな営業コンサルタント」「花を愛する片付けコンシェルジュ」等々

会社を離れたシニアは、「私にしかできないこと」や「自身のパーソナリティ」をエレガントにアピールして、自分の土俵で戦うことが成功の秘訣です。

オリジナル肩書はその第一歩になりますので、ぜひ考えてみることをお勧めします。

「標準化代理士」というオリジナル肩書を活用

私が40代から従事してきた「国際標準化」は非常に専門的でニッチな分野でしたので、独立後もその役職や知識は大いに活用できると考え、「標準化代理士」というオリジナルの肩書を名刺に入れて活動をしてきました。

そもそも標準化とは、技術や資格、材料や製品、作業の方法や手続きなどの規格や測定方法を設定し統一することを意味します。「技術の標準化」「会計基準の標準化」「工業規格の標準化」などといった形で用いられる言葉です。

例えば、大火事が起きてその町の消防車だけでは消化しきれず、隣町に応援を頼んだとします。隣町から来た消防車のホースが、その町のものと規格が異なっていたら、消火栓につなぐことができず水が出せません。それでは応援に来た意味がないわけです。

同じように、電車のレールの幅や、交流電気のサイクル、通信信号の形式、ネジの大きさなど、様々な領域で規格を標準化しておけば、共通の部品を使うことができ融通もきくのです。

日本では工業標準化法で定められた「ＪＩＳ（日本工業規格）」が広く知られています。グローバル化してヒトやモノの移動が盛んになった現代では、国際的にも標準化をすることでのメリットが多々あります。どうせ同じ方向に進むのなら、同じ船に乗り合ったほうが効率がいいのは当然です。

私は情報通信の国際標準化の会議に参加していた経験を生かし、その方式、装置・部品の標準化の提案、会議のマネジメント、戦略作成などのコンサルティングを、「標準化代理士」という肩書で行ってきました。

経済産業省のヤングプロフェッショナル育成プログラム講師や、総務省の標準化会議の対応、ＪＩＣＡ（国際協力機構）の研修生向け講師などにも複数従事してきました。

民間企業の標準化アドバイザーや、通信技術に関する訴訟問題のアドバイザーなどをしたこともあります。

古巣のＮＴＴの標準化担当者に対しても、ジュネーブの国際会議に同行して現場でいろいろなことをお教えしたり、提案書の書き方や議論の進め方などについてアドバイスを行ったりもしています。

現在、アドバイザー契約を結んでいるコーニング社は、特殊ガラスやセラミックなど材料科学を扱う会社です。

あるとき、ガラスの規格を決める標準化会議がありましたが、コーニング社の代表は誰も出席していませんでした。耐久性を測定するために鉄球をガラスに落とすのですが、その高さがあと10センチ低ければコーニング社のガラスは規格をクリアできたのに、同社の代表がいない間に規格が決まってしまったそうです。

危機管理の教訓から、標準化の国際会議には常に自社の立場を主張する人間が必要だということもあって、私とアドバイザー契約を結ぶことになったのです。

会社員時代に培った「国際標準化」という専門性によって、ひとりになっても仕事があるのは、本当にありがたいことです。

これはシニアになる前、ひとりの活動を始める前の助走期間からの地道な技術の蓄積や、経験の幅を広げ自分のなかに価値観を確立し、同時にできるだけの人脈を維持し、それを育てて広げ、アップデートする積み重ねが非常に大切だったと、しみじみ感じています。

「スモールスタート」を心がけよう

シニアが新しいことを始めるにあたって忘れてはならない点は、「スモールスタートを心がける」ということです。

スモールスタートとは言葉通り、「小さく始める」ことであります。新たなビジネスを始めるにあたって、最初は小規模に展開し、お客さんがついてその商品やサービスへの需要が増大するにつれて、ビジネスも拡大させていくというやり方です。

新しいことを始めるときは、気持ちが盛り上がっていますから、ついつい大盤振る舞いをしてしまいがちです。

長年勤めた会社を辞めたばかりで、まとまった額の退職金が手元にある場合もあるでしょう。そうした際はなおのこと要注意です。

「第二の人生を私はこれで勝負する！」という決意はたいへん結構ですが、まだ成功するかどうかはわかりませんし、方向転換することがあるかもしれません。老後の貯えを一気につぎこむようなことは慎んで下さい。

シニアの方が何か新しいことを始める際には、初期投資を抑え、毎月のランニングコストも可能な限り少なくして、とにかくリスクを最小限にすることを意識していきましょう。

私は独立して株式会社グローバルプランという会社を立ち上げましたが、今に至るまで仕事はひとりでやっています（正確には、社長は私、従業員は妻一人です）。

独立当初、あるメーカーから経済的支援の申し出があり、そのこと自体は大変ありがたいお話でしたが、ひとりで自由に動きたかったので丁重にお断りしました。

プロジェクトの規模が拡大するにつれ、私の「志」に共感してくれる仲間たちにその都度協力してもらっていますが、社員を増やすことはしていません。プロジェクトのたびに業務委託を結んでお手伝いしてもらっています。

オフィスについては、米コーニング社のアドバイザー契約をするうちに、コーニング社の赤坂のオフィスを使わせてもらう話になり、便利な一等地で仕事をすることができています。もっとも、コロナ禍でオンライン会議が主流になり、オフィスに行く機会もめっきり減りました。ほとんどの仕事は自宅で行うことができます。

会社のホームページも、パソコン教室に2時間だけ通い、あとは独学でウェブサイトの作り方を学んだあとは、自分で更新しているのでランニングコストがかかりません。今後はSNSでの発信にも力を入れていこうと思っていますが、SNSもお金がかかるものではありません。

とにかく「スモールスタート」を心がけて経費を抑えることで、経営も安定しますし、持続可能なビジネスにしていけるのです。

拡大するのはいつでもできます。まずは焦らずに、ひとりでできることから小さく始めて、そこから大きく育てることです。スタートしてから分かることもたくさんありますので、人生の残り時間が少ないシニアは、「歩きながら考える」という意識を大切にしましょう。

固定費をできるだけ抑える

「スモールスタート」を実践するうえで、特に注意すべきは人件費や家賃などの固定費をできるだけ抑えることです。

まず人件費についてですが、どんなビジネスであっても、最初から人を雇うのは避けるべきだと思います。

もちろん目指すべき目標がひとりで達成できるものだとは限りません。

その場合でも、プロジェクトごとにメンバーを集めて仕事にあたり、終わったら適切な報酬を支払って解散、また次の機会がきたら声をかけるという形で、ゆるやかなネットワークで仕事をアウトソーシング（外注）しながら進めていくのが良いでしょう。

いったん人を雇ってしまえば、社員の人件費は固定費として毎月の支出になりますし、仕事が減ったからといって簡単に辞めさせるわけにもいきません。

せっかくシニアになって組織から離れて自由になったのに、新たなしがらみを背負いこむ必要はないのではないでしょうか。

同様にオフィスの家賃も、毎月の固定費として重くのしかかってきます。ですが、デジタルツールやオンライン会議を活用すれば、都心に立派なオフィスを構える必要はありません。自宅のデスクで十分ではないでしょうか。

名刺やウェブサイトなどに自宅の住所を載せるのに抵抗があるなら、最近はシェアオフィスサービスも普及しています。毎月、数千円といった安価で契約でき、郵便物も受け取ってくれますし、事前に予約すれば会議室などのスペースも利用できます。法人登記ができるシェアオフィスも出てきています。

こうしたサービスを賢く使い、なるべくオフィスの家賃を払わないですむ状態にしておきましょう。

その観点から、最初から多額の仕入れや在庫をもたないことも意識すべきです。

ひとりで始めれば人件費もあなたの分だけで済みますし、自宅で仕事をすればオフィスの家賃もかかりません。それどころか、自宅の家賃や電気・ガス・水道代なども事業用に案分して経費として計上することも可能です（経費については税理士とご相談下さい）。

私は先述の通り、固定費は自分の給料と社員（妻）1名分の給料のみです。仕事は、私と同じようなシニアの標準化経験者にスポット契約的に仕事をお願いしており、想定外の問題が発生すればすぐに撤退あるいは方向転換できる環境にしてあります。

あなたのチャレンジを持続可能なものにするために、まずは人件費と家賃などの固定費を可能な限り抑えることを心がけましょう。

まだ勝算も見えないなかで大金を投じたり、高い金利でリスクマネーを借りてスタートするのは、とりかえしのつかないダメージを負う危険があります。初期投資はくれぐれも抑えるようにして下さい。

「ライフワーク」と「ライスワーク」のバランス

あなたが第二の人生を賭けて取り組むライフワークは、「志」の実現を目指すものとなるでしょう。

「世のため人のため」の活動は尊いのですが、残念ながら、すぐに収益化できるとは限りません。むしろ社会の公共に益する活動であるからこそ、利益追求は二の次になり、立ち上げからしばらくは利益が出ないことがほとんどだと覚悟すべきです。

そのため、ライフワークを支えるために、「ライスワーク」とでもいうべき別の仕事をしてお金を稼ぐ必要が出てくる場合も多いのではないでしょうか。

それ自体は恥ずべきことでも何でもありません。むしろ、ライフワーク以外のことが目に入らなくなり、気がつけば資金繰りがショートして事業を続けられなくなる、というのが最も避けたい失敗パターンなのです。

「志」を実現するライフワークを継続させるために、必要な資金を稼ぐライスワークもおろそかにしないことです。

私の場合も、ライフワークである途上国にインターネットをつなげる事業は、まだ収益化はできておりません。

そのため、アドバイザー契約を結んでいる米コーニング社の国際標準化の仕事を、週に3日入れています。それ以外の時間を、自分のライフワークに使うのです。

コロナ禍でオンライン会議が普及したおかげで、国際標準化の会議にも自宅から参加することができます。前後の移動時間などが大幅に短縮されましたし、会議に出ている以外の時間も自由に動ける契約なので、いまはライフワークに使える時間が増えているのです。

今も総務省の情報通信審議会の専門委員や、情報通信研究機構の評価委員なども務め、国から僅かですが活動費をいただくこともできています。

このように、自分の知識や技術を生かしてお金を得る手段を確保しつつ、本当にやりたいライフワークに割く時間を徐々に増やしてきました。

現在はライフワークとライスワークのバランスはほぼ半々といった具合ですが、これから更にライフワークの時間を増やしていきたいと考えています。

シニアになって会社を離れてせっかく自由になったのですから、ライスワークだけに追われる時間の使い方はもったいないです。ライフワークとライスワーク、自分にとって最適のバランスはどのあたりなのかを常に意識しながら、時間と労力の配分を考えていきたいものです。

コスト削減にはDIY的なアプローチが有効

私がヒマラヤの山村にインターネットをつないだ「ソリューションＢＩＲＤ」は、ＤＩＹ的、草の根的なアプローチを意識しました。

そうでなければ、小資本の個人がビジネスを持続することはできませんし、大企業だけが実現できるプロジェクトになってしまいます。

「ＤＩＹ的、草の根的なアプローチ」はあらゆる分野で意識すべきです。

何をやるにしても、「市販の製品を使って、誰でも取り組むことができる」という視点から設計をすれば、初期投資も低くすみますし、その後のランニングコストも抑えることができるからです。


「ソリューションＢＩＲＤ」はヒマラヤの山村で実施されていますから、私がそこに常駐してかかわり続けることは不可能です。

故障やトラブルがあっても、地元の人々の力だけで対処できるようにしなければ、持続可能ではなくなってしまいます。そこで、光ケーブルや通信装置の設置や修理に用いる機材に特注品は使わず、すべて市販の製品で賄えるようにしました。

建設会社でもなんでもない地元の青年団でも扱えるように、映像を使った簡単な操作マニュアルのビデオも作成しました。施設した後は自分たちの力だけでインターネット回線を維持してもらえるよう、工夫を重ねました。

私たちがアマゾンやニトリで材料を買って、日曜大工（ＤＩＹ）でペットの犬小屋を作るような、そんな感覚で維持できるソリューションにしたかったのです。

そうしなければ、投下資本の回収見込みがある都市部だけでしか展開できないものになり、

「途上国の情報格差を解消する」という私の「志」を果たすことができません。逆に言えば、DIY的なアプローチも、「志」から生まれてきたアイデアでした。

今のところそのアプローチは成功しており、ヒマラヤの山村部でも、現地の人たちの手によるメンテナンスによってブロードバンドインターネットが継続できているのです。

補助金・助成金や融資制度で持続可能性を高める

小資本のシニアが、市民のなかに根づいて草の根的な活動を続けていくうえで、有効に利用していきたいのが、国や地方自治体からの補助金・助成金や融資制度です。

「世のため人のため」の活動をしようとしているわけですから、条件さえ満たすのであれば、国や自治体からのサポートも積極的に受けていくべきだと思います。

補助金や助成金は返済する必要はありませんし、シニアの活動を応援する目的で創設された融資制度は金利などで一般的な借り入れより有利な条件になることがほとんどです。

例えば、日本政策金融公庫では「新規開業資金（女性、若者／シニア起業家支援関連）」という融資制度があります。

女性もしくは35歳未満の方、そして55歳以上の方を対象として「新規開業資金」で支援しようというものです。事業開始後おおむね7年以内に融資を受けることができ、融資限度額は7200万円以内（運転資金は4800万円以内）です。

55歳以上のシニアが新たに起業する際には、活用することを検討してもいいでしょう。

また、東京都でも独自に「女性・若者・シニア創業サポート事業」を展開しています。

東京都内での創業を対象に、女性と、39歳以下または55歳以上の男性の創業をサポートする融資制度です。創業後5年未満までが対象となります。更にNPOも対象内です。融資限度額は1500万円以内（運転資金は750万円以内）です。

（いずれも情報は2022年12月時点、詳細はホームページなどを参照のこと）

「志」を現実に持続可能なものとしていくために、このような国や自治体の融資制度や助成金・補助金なども必要に応じて効率よく活用していきたいものです。

「志」を共有するチームを構成する

ここまで「ひとり」でいることの自由さやメリットを強調してきました。

しかし、「ひとり」ということと、「孤独」であることは違います。

どのような仕事であっても、最初から最後までひとりで完結できるものはほとんどないといっていいでしょう。

むしろ会社の看板がなくなったシニアだからこそ、自分の「志」を共有できる仲間は大切にする必要があるのです。仕事を進めるうえでも、共感しあえる仲間（個人や企業）とチームを組んで、適切に分担しながらやっていくことが長続きする秘訣です。

「志」を共有できるという点は非常に大切です。本書でこれまで述べてきたシニアの挑戦は、利益本位よりは社会的公共性への貢献、つまり「世のため人のため」の活動です。

そこに利益目的の人がチームに参加してきても、足並みが乱れてしまいます。そうした人間は時に、適正な利益以上の報酬を要求したりして、トラブルの種になってしまいます。

100パーセント理解してもらう必要はありませんが、チームを組む人にはあなたの「志」をしっかりと語り、共感を得たうえで加わってもらうのがベストです。

また、ひとりで動くことは自由でもありますが、反対勢力がいる場合には「数」という面で不利になります。特に大胆で前例のないことをやろうとする場合はなおのこと、「変な奴だ」と敬遠されてしまう危険性もあります。

いざというときに孤立しないためにも、普段から自分を信頼してくれる仲間づくりに励んでおくことも大切なのです。

私が途上国の情報格差を解消しようとしている「ソリューションＢＩＲＤ」のプロジェクトも、国境を越えて世界中の仲間と共に進めています。

私の役割はプロジェクト全体のチームリーダーであり、ソリューションの主旨を外さないように逐次現場をチェックしながら、活動を世界にＰＲすることを行っています。

ヒマラヤの山村で最初にプロジェクトを行った際には、私の「志」に共感してくれたネパールのＮＰＯが現地の調整をしてくれます。ネパールの政府関係者、通信規制庁の長官、通信業者の担当者など、「ソリューションＢＩＲＤ」の実現を願う人たちと協力し合いながら進めていきました。

日本のメーカーであるＯＣＣが光通信ケーブルの製造を行い、遠隔医療関係の機器はＫＤＤ

I財団の協力を得ています。こうした企業の担当者にも、私自身がしっかりとプロジェクトの意味を訴え、そして共感してもらってチームを組んでいるのです。

関係者の情報共有や意見交換は、オンライン会議によって国内外問わず頻繁に行っています。ニューノーマル時代だからこそ、「志」を共有するチームでプロジェクトを進めることも容易になり、日本人シニアが世界で活躍する舞台が整ったと実感しています。

日本企業の失敗パターンに学ぶこと

シニアが新しくビジネスを始めるうえで、数十年にわたるキャリアで培った知識や経験は大きな強みです。

しかし、その強みも一歩間違えると、失敗の原因になってしまうことがあります。

自分自身の考えや、これまでの成功体験に囚われてしまい、サービスや商品を受け取る消費者のニーズからズレたことをやってしまうという落とし穴があるのです。

こうした落とし穴にハマらないために、日本企業の代表的な失敗パターンから学ぶべきことがあります。

私は「途上国の情報格差を解消する」というライフワークで活動していますが、途上国向けのビジネスは、様々な意味で難しいところがあります。

現地のニーズをよく把握するのは当然のこととして、人々の生活に無理なく入り込めて、運用を継続できるものでなくてはなりません。

そのためにはライフサイクルコスト（初期コストから運用、保守、廃棄までのコスト）が低いこと、そのうえで機能や性能は地域のニーズの予測に対して過不足なく、更にバックアップの仕組みやそのための教育も重要になります。いわば、トップダウンではなくボトムアップによる展開を志向するべきなのです。

先端技術と高スペックを追求し、完璧な信頼性を重んじる日本企業のやり方と、消費者のニーズとが乖離していたため、途上国でのビジネスが失敗に終わったケースも多々あるのです。

代表的な3つの失敗例を挙げておきます。

❶ブラジルでのカーステレオ

高性能で低価格な日本製カーステレオは、ブラジルで全く売れませんでした。それは、着脱式ではなかったからです。ブラジルでは、夜はカーステレオを車から取り外して自宅に置いておかないと、盗難に遭うのです。そうした現地の実情を無視したため、日本のカーステレオは売れませんでした。

❷アラブ圏での冷蔵庫

日本製の冷蔵庫がアラブ圏で売れなかったのは、扉に施錠ができるようになっていなかったからです。鍵をかけておかないと、留守中にメイドさんに冷蔵庫の中身を盗まれてしまうのです。こうした状況が設計に反映されず、冷蔵庫の扉に施錠できるようになっていなかったので、日本の冷蔵庫は受け入れられませんでした。

❸コンピューター用の半導体

コンピューターに用いられるＤＲＡＭという半導体があります。かつて日本は半導体王国で、１９８６年には世界シェア80パーセントを占めていました。ところが２０１０年には世界シェア10パーセントにまで落ち込みます。

１９８６年当時、半導体の用途は数千万円もする大型コンピューターがメインであり、ＤＲＡＭには25年間の長期保証が要求されました。日本の半導体は世界最高の信頼性で25年の長期保証条件をクリアして、米インテルを凌駕して市場シェアを獲得したのです。

しかし1990年代に入り、市場は変化します。大型コンピューターではなく、数十万円程度の廉価な個人向けパソコンが大量に売れる時代になりました。大型コンピューター用DRAMは10~20万円だったが、パソコン用DRAMは数百円という価格帯です。日本が従来の高品質神話にとらわれて方向転換できないうちに、韓国サムソンが3~5年ほどの短期保証の廉価なDRAMを大量生産し、市場シェアを奪われてしまったのでした（衆議院2021年6月1日 科学技術特別委員会 #04 湯之上隆（微細加工研究所所長））。

自分の考えや成功体験に固執しない

前項で取り上げたような、途上国で日本企業がハマった失敗パターンから、シニアは何を学ぶべきでしょうか。

シニアが起業してビジネスをやる際に、国内外を問わず有効な教訓は、

「お客様（消費者）が何を求めているのかを最優先で考える」

ということだと思います。

「自分は現役時代このやり方で成功してきたから、シニアになっても同じやり方を貫く」

このように自分の考えに固執していると、市場や環境の変化に乗り遅れて、思ったような成果は得られないでしょう。自らの経験は経験として大事ですが、あくまでも大切なのは、これから商品やサービスを受け取るお客様のニーズなのです。

そして、いったんスタートしたビジネスでも、市場との乖離があるようなら、素早く方針転換をするといった柔軟さも求められます。大企業ではなくひとりでやるからこそ、市場の変化に柔軟に対応できるという強みにもなるのです。

日本企業の過去の失敗パターンは、私がネパールという途上国でプロジェクトＢＩＲＤを進める際にも反面教師となりました。高品質神話を捨て、現地の人々がＤＩＹで運用できるような単純なソリューションにして、低コストを実現することを優先したのです。

こうして考え出したのが、「海底ケーブルを地表に置く」という、一見乱暴に思えますがシンプルで最適な方法だったのです。

国際標準をクリアしていれば、それ以上の過剰な高品質は必要ありません。途上国で優先されるのは、高品質ではなく低コストと運用のしやすさなのです。

日本のメーカーにこのソリューションを提案しても、「経験がない」「事業規模が小さい」「利益が見込めない」「地表にむき出しはあり得ない」「もしつながらなくなったら誰が責任をとるのか」と、さんざんな反応でした。

シニアが新たなマーケットにチャレンジして成功するには、日本企業の中だけでの通用する価値観に凝り固まっていてはいけません。NTTの島田明副社長（現社長）の「社会課題を解決する方法がなければNTTが作り出していきましょう」との言葉を再確認しておきます。

「マーケットで何が求められているのか」をリサーチして、仮に自分たちの考え方と違ったとしても柔軟に対処し、ときには違う考え方へスパッと切り替えることが重要なのです。

つまり、「プロダクトアウト（商品の企画開発や生産において作り手の論理を重視する方法）」から「マーケットイン（商品の企画開発や生産において消費者のニーズを重視する方法）」へと発想を転換することが、日本のシニアにも求められていくでしょう。

【第3章のポイント】

①「志」と「自分ができること」の接点となる「アイデア」を考えよう

②人生が凝縮したようなアイデアが生まれれば、実行への不安は自然に消える

③あなたの個性を表す「オリジナルの肩書」を考えて、自分をアピールしよう

④スモールスタートが鉄則。家賃や人件費などの固定費はできる限り抑えること

⑤「志」を共有できるチームをつくり、作業を適切に分担することが長続きの秘訣

第4章

壁を「突破」して完全燃焼しよう

「志」に向かって進むと必ず抵抗がある

「志」を立てて、それをもとにアイデアを練り、いよいよ実行――。

しかし、それだけで上手くいくほど世の中甘くはありません。

何か新しい挑戦を始めると、ありとあらゆる形で邪魔する力が働くのも世の常です。そうした壁をいくつも突破した果てに、ようやくあなたの「志」が実現するのです。

ですから、実行しても思うように進まなかったり、他人からの妨害があったとしても、「なぜ自分だけがこんな目に……」と落ちこむ必要はありません。誰もが通る道なのです。

飛行機が離陸するとき、無風よりも向かい風があるほうが、抵抗を揚力（浮かぶ力）に変えられるので効率よく飛び立てるといいます。困難があるからこそ、「志」の実現に向けて最短距離で進めるのだとポジティブにとらえていきたいものです。

そして、あなたの主張が正論であれば、妨害する人たちも真正面から反対することはできません。そういうときは、横や後ろから妨害を仕掛けてくるものです。

あなたがやろうとしていることの筋が通っているにもかかわらず、理不尽な妨害を受けることもあるでしょう。そうした際には、多少強引にでも一つ上のレイヤー（階層）に話を持っていくことが有効なのです。

２０１１年4月、ジュネーブのホテルで、光通信ケーブルをヘリコプターからヒマラヤの山村に敷いてブロードバンドインターネットをつなげる「ソリューションＢＩＲＤ」のアイデアを思いつきました。

それから実現に向けて奔走してきましたが、ネパールのドゥル市ではじめてのプロジェクトを実施したのが２０１９年3月です。約8年の月日がかかりました。

8年間、私も様々な困難に直面し、心ない妨害にも数多く遭ってきました。その一つ一つを突破して、ようやく実現にこぎつけられたのです。

最初の壁として立ちはだかったのが、日本の通信ケーブル関係の会社約80社が加盟する業界団体からの強烈な反対でした。

通常、国際標準化の提案は総務省傘下の国内委員会で調整し合意してから、ＩＴＵの国際会議にかける流れになっています。

ところが私の「ソリューションＢＩＲＤ」は通信ケーブル業界団体から「海底光ケーブルを地表でむき出しで使用するなんて聞いたことがない」と猛反対を受け、国内で合意をとることができませんでした。

普通ならそこで諦めてしまうのかもしれません。

しかし私は第二の人生をかけるライフワークをなんとしてもやり遂げたかったので、腹を決めて、「国内で合意をとれなければITUの標準化会議にかけてはいけないというルールはありません。ジュネーブで開発途上国も含めた外国の皆さんと議論したい」と主張しました。

私の言っていることは正論でした。総務省の担当者も、日本を代表する通信ケーブル会社を含む80社以上が加盟する業界団体の抵抗に、どうしたものかと判断しかねる様子でした。

実際にITUの国際会議では、例えばアメリカ企業から出た提案を他のアメリカ人参加者が批判するという光景はよく見られました。国際的な全体最適を目指すうえで、本来それが健全な議論のあり方だと思うのです。

産業界の総意であっても、それが国益につながるとは限りません。私は「途上国の情報格差を解消する」という自分自身の「志」を、今から進めることが将来的には日本の国益になると確信していました。その「志」を貫いて、ケーブル産業界からの反対を押し切って国際標準化の会議に提案したのです。

業界団体の抵抗の前に国内合意はできないと思った私は、これまでの慣例を吹っ飛ばして一気に国際会議の議題にあげてしまうことで、壁を突破したのでした。

この突破劇も、ひとりだったからこそ可能だったのです。

相次ぐ困難も仲間が助けてくれた

「一難去ってまた一難」とはよくいったものです。

何かの妨害を跳ね返しても、すぐにまた別の形で困難は降りかかってきます。

困難が相次いだときに、心が折れてしまうのか。

それとも「いよいよこれからだ！」と闘志を湧き出だせるのか。

第二の人生をかけるライフワークの成否は、あなたの心一つにかかっているといっても過言ではありません。

そして、足を引っ張るのも人であれば、助けてくれるのもまた人なのです。困難に直面したときでも、あなたの「志」に共鳴してくれる人がいれば、何らかの形で必ず助けてくれるのです。

私が自身の「ソリューションBIRD」を、国内合意を得ないままに国際会議に提案してしまうと、反対派の人たちは次なる手を打ってきました。

先述のとおり、私はNTT通信研究所を定年退職後、しばらくしてからITU-T（国際電気通信連合・国際通信標準化部門）のTSAG（電気通信標準化諮問会議）でアジア代表の副議長という立場に就いていました。

そこでは総務省の意向で、日本ITU協会という立場で会議の参加資格を得ていました。そして副議長を満期退任した後も、日本ITU協会としての参加資格を継続使用していました。日本ITU協会から、「今後も日本のために自由に活動して下さい」と言われていたのです。

ところが、私が「ソリューションBIRD」を国際提案したとたん、通信ケーブル業界団体から、「日本ITU協会の資格で提案させるな」とクレームが入ったのです。通信ケーブル業界団体は日本ITU協会の会員でしたから、その団体が反対する提案を、同じ日本ITU協会の私が提案するのは自己矛盾だというのです。

そして私は、自らの提案が国際会議で議論されている最中に、それ以降の会議への参加資格を失ってしまったのです。

「既得権益を持っている人たちがここまで反対するとは、私のやろうとしていることは間違っていないのだ！」

度重なる逆風を受けて、途上国の情報格差解消へ向けた私の正義感はいっそう燃え上がりました。

とはいえ、国際会議への参加資格を得なければ、私の提案は自然消滅させられてしまいます。背に腹は変えられません。当時、国際標準の草案を提案し、議論していた2つの研究グループのアソシエイト会員の参加費は、2件で年間258万円でした。私はこの参加費用を自前で出すことを決断しました。それでなんとか参加資格を継続することにしたのです。

起業してからムダなお金を使わずにいたので、「いざ」というときにためらわず資金を投入できました。

しかし、この負担を何年も続けるわけにはいきません。

当時、日本の大学のなかでは早稲田大学がITUのアカデミア会員として参加していました。そこで、私の「志」に共感してくれていたある会社から、早稲田大学に研究委託してもらったのです。私はその流れで翌年からは、高額の参加費を負担せずに早稲田大学研究員という立場でITU会議に参加できたのです。

また同じ時期、第1章でも述べましたが、日本のあるケーブルメーカーの会議参加者から個人的にこんな話をされました。

「私個人としては魅力的な提案だと思いますが、社員としては賛同できなくてすみません」「できることは協力させていただきたい」

会社員としての模範解答と、個人としての模範解答のはざまで悩まれたと思います。組織人としての生きる賢さでもありました。彼はその言葉通り、陰で様々な協力をしてくれましたし、今も一対一で会って話をするような人間関係が続いています。

「志」に共感してくれる仲間を普段から持っておくことが、いざというときに自分を助けてくれることを痛感したのです。

「ことなかれ主義」を突破する

日本のケーブル産業界はなぜ私の「ソリューションＢＩＲＤ」に反対したのでしょうか？

これは推測でしかありませんが、私の提案した内容が従来のケーブル産業界の常識を覆すものだったため、「前例がない」という理由で反対されたのだと思います。

いわば、日本社会によくみられる「ことなかれ主義」が働いたことによる抵抗と、ビジネス上の懸念からだったのではないでしょうか。

ことなかれ主義は、企業で働いてきた人なら大なり小なり見聞きしてきたことだと思いますし、実害を被った経験がある人もいるでしょう。

これまでの数十年間、会社員の立場としてことなかれ主義を是認せざるをえなかった人も、自由なシニアになってまでやりたいことを我慢する必要はありません。周囲がことなかれ主義であなたの足を引っ張ろうとしても、振り払って前に進むくらいの強さを持ちたいものです。

さて、通信ケーブル業界がなぜ私の提案に反対したのかを、もう少し細かく振り返ってみたいと思います。

既存の光通信ケーブルの敷設方法は、ケーブルがそこまで堅牢でないので、専門の業者が重機を使って時間と費用をかけて慎重に行なってきました。

私のアイデアは、外乱（外部からの要因）に強いが細く軽いケーブルを、途上国の奥地で地表にそのまま置く、または浅く埋めるなど、簡単に地元民のＤＩＹで敷設するものです。

しかしＤＩＹで破格に安あがりのうえ、ＩＴＵ標準という「お墨つき」を取られてしまえば、既存の光ケーブルの市場が破壊されかねません。

反対は予想通りでした。しかし私は、情報格差の危険に目をつぶれませんでした。

ピーター・ドラッカーのこの言葉を思い出します。

「イノベーションに対する最高の賛辞は『なぜ自分には思いつかなかったか』である」（『イノベーションと企業家精神』）

私にとっての光ケーブルは象徴的な例ですが、あなたが詳しい技術や製品について、

「悪名高い日本の過剰な信頼性」を見直して途上国に安く紹介するというアプローチは、非常に有望なビジネスに成り得ます。

そこを糸口に、あなたが詳しい技術や製品のニーズがないか探ってみましょう。ことなかれ主義、前例主義を振り払って前に進む。これが第二の人生をあなたらしく謳歌する秘訣なのです。

「志」を持ち、ニーズをしっかり把握していれば、実態のないことなかれ主義などは恐れるに足りません。堂々と自らの主張を展開していけば、必ず共感してくれる人が表れるのです。

アポなしでキーパーソンに直撃して苦境を打開

シニアがひとりで活動するには、何はさておき行動力が必要です。

黙って座っていれば、上司が仕事を与えてくれる会社員とはわけが違います。

まして、ひとりで道なき道を進もうとしているわけですから、トラブルが起きても黙っていては誰も助けてくれません。ピンチのときには大きな声を出して、周囲の人を自分の味方に巻き込んでいくことが、壁を突破するためには重要です。

自分の「志」とアイデアが、世のため人のためになるという確信があれば、自信を持って堂々と語っていくことで味方は必ず表れるはずです。

組織のしがらみから自由になったシニアは、会社や上司にお伺いを立てずに動ける強みがあります。そのため、あえて常識的な手順を無視してでも、キーパーソンに直談判することで状況の打開を試みることがあってもいいのではないでしょうか。

ほんの一例として、私の経験を振り返ってみます。


日本国内での同意がとれないまま、半ば強引にＩＴＵの国際会議に提案を持ち込んだ私でしたが、ひとりで戦って勝てるとは思っていませんでした。

会議の場で日本の産業界が反対すれば、「岡村氏がひとりで自分のやりたいことを主張しているだけ」というムードができてしまい、多くの参加者の共感を得るのは難しいからです。実際、国際標準化の会議で日本のケーブル産業界の代表が、私の提案に「強く反対する」と発言しているのです。

そこで、私は我ながら大胆な行動に出ました。

会議の合間の休憩時間に、ＩＴＵの開発部門のトップのブラヒマ・サヌーさんの部屋をひとりでアポなしで尋ね、その場で個人的にプレゼンをしたのです。

もちろん、全く勝算がないところに玉砕覚悟で突っ込んだのではありません。開発部門トップはアフリカのブルキナファソから来ていた人ですので、「途上国の情報格差解消のため」という私の「志」に共感してくれるはずだ、という目論見はあったのです。

その狙いは的中しました。

開発部門トップは私のプランにおおいに興味を示して、こう言ってくれたのです。

「いま、ちょうどいい会議をやっているから、明日の昼休み1時間を自由に使って、サイドイベントを開催してみてはどうか」

トップを直接説得できれば、話が早いのです。

さっそく準備をして、翌日の昼休み、勝負に挑みます。

私は与えられた1時間で、会議に参加していた37カ国の代表を相手にプレゼンし、質疑応答を行い、最後の15分間でアンケート用紙を配布・記入してもらいました。

結果として、そのアンケートに26カ国から賛同のご返事をいただいたのです。

もし私が会社員であれば、開発部門トップへの面会もアンケートの配布も、上司の承認を得てから動かねばいけません。決済をもらっている間に会議は終わってしまいます。このようなスピード感で動くことはできなかったでしょう。

国内で反対されるなら、海外の人たちを味方につければいい。そんな発想で大胆かつスピーディに行動して味方を作ったことが、私の「ソリューションＢＩＲＤ」が国際標準となる大きな後押しとなったのでした。

アフリカ諸国から「戦士」と称賛される

「ソリューションＢＩＲＤ」が国際標準となる過程では、様々な反対がありました。しかし、ひとつの壁を乗り越えた先には、不思議にも、新しく強力な味方が表れてくるものなのです。ですから臆することなく、ひとつずつ壁を突破していくべきなのです。

日本のケーブル産業界代表が、国際標準化の会議で私の提案に「強く反対する」と発言したことは既に述べました。

ケーブル産業界の反対は私の「ソリューションＢＩＲＤ」だけでなく、ＩＴＵ勧告の文面に「情報格差解消を目指す」という文言を入れることにも及んだのです。

ケーブル産業界が反対したのは、軽く細く強靭な1本の光ケーブルが、人力で簡単に地表、地中、水中、架空に、いかようにも設置できる「スーパーケーブル」という感じで標準化され、さらに「情報格差解消」を標榜されれば、他のケーブルは「情報格差解消用ではない」と誤解されるという懸念があったようです。

会議の合間に、NTTの社員が私の横に来て小声でささやきました。

「このままだと埒があきません。全部をボツにしたくないでしょう。岡村さんの目的は理解しましたけど、チップインバーディーを狙うより、刻んでいきませんか?」

つまり、一気にゴールを狙うのではなく、少しずつ進めてはどうか、というのです。

私はこう切り返しました。

「情報格差の解消は緊急の課題です。情報格差を放置していては、感染症や難民、テロの温床となりますよ。今回の国際標準も、淡々と技術を綴ってもアピールできない。『情報格差解消』と記すことで、途上国からの共感が得られるのです」

彼は納得したようなしないような、微妙な表情で去っていきました。

ITUの合意形成は全員賛成が原則です。結局、日本のケーブル産業界の反対によって、「情報格差解消」の文言は入れることができませんでした。

それでも、私が実施したアンケートで26カ国の賛同の声が集まったことなどが追い風になり、外国勢からの味方が増えていきました。

忘れられないのは、アメリカの通信産業協会の重鎮のマイク・キンナードさんが挙手して発言したことです。

「岡村の提案を最初に読んでびっくりしたが、『なんで自分たちはこの方向に行かなかったのか』。この40年、光ケーブルを扱ってきたが、通常のアウトドアケーブルの多くは非常に強靭で、手違いで地表に置かれたケーブルは厳しい環境に問題なく耐える例が多かった。しかしケーブルを地表に放置する設置法ということは全く考えてこなかったが、岡村が言うように多くの地域で非常にメリットがありそうだ。岡村の提案を支持する」

ここでも私はピーター・ドラッカーの言葉「イノベーションに対する最高の賛辞は『なぜ自分には思いつかなかったか』である」を思い出すのです。

この発言以来、会議の風向きが一気に変わりました。日本のケーブル産業界からの強い反対も収まったのです。

私の提案が国際標準として認められたとき、アフリカの代表2人から、私のことを「ピガナージ（スワヒリ語で「戦士」の意味）と称賛する声があがりました。

「岡村の提案を潰せ」が日本企業の至上命題だった

「ソリューションＢＩＲＤ」に関する標準化の勧告は、合計3本ありました。その3本目を例に議論の流れを説明します。

自分ひとりで28ページにおよぶ原案の文章を執筆し、何回かの会議を経て勧告草案を確定しました。年2回程度開催された会議と会議の間にはメールが飛び交います。3本目の勧告草案の場合、簡単な内容のコメントが多いのですが、それでも文書や口頭あわせて約350件もコメントがありました。途上国からは少なく、アメリカからの前向きなコメントが多数派でした。

草案が合意された後、メンバー国193カ国に回覧し、問題があれば4週間以内にコメントを出すという流れになっています。

期限内にコメントがなければその勧告は承認されるのですが、仮に技術的なコメントがあった場合、次の会議で改めて議論をやり直すのです。メンバー国からのコメントが寄せられる4週間は、まさに針のむしろに座らされている状態でした。

最終日、時差があるため日本時間の朝7時から8時くらいが締切となるのですが、前日から一睡もできずその時間を迎え、無事に過ぎたときはホッとして全身の力が抜けたことを覚えています。

そんな苦労をしながら、2016年、17年、18年と3本の標準化の勧告を通したのでした。

私の「ソリューションBIRD」は晴れて国際標準の規格だと認められ、実現への道が開けたのです。

第1章でも触れましたが、その後の展示会で「岡村さんの提案を潰すことが至上命題だった」と白状した人物は、「あのときは大変で……」と、気まずそうな表情をしていました。

彼は極めて優秀な人間でしたが、それでも会社の圧力に従って自分の意思に沿わない発言をせざるを得なかったのかもしれません。

組織のしがらみを離れたシニアの自由な立場だからこそ、できることも大きくなる。そのことを改めて実感しました。

「突破力」を生むには「自信」と「決意」がいる

シニアが自分の「志」を掲げて挑戦を始めても、多くの場合は周囲からの妨害が起こるのは、私の例を挙げるまでもなく必然的なのです。順風満帆にいくことこそ稀ですから、何かしらの障害に直面することは覚悟しておくべきでしょう。

そんなときに、壁を突破していく力、「突破力」が否応なしに求められてきます。

どれほど優秀であっても、輝かしいキャリアや資格、知識や技術があっても、いざというときの突破力がなければ、「志」を果たすことはできません。文字通り「志半ば」で力尽きてしまうでしょう。

その突破力はどこから生まれてくるのか？

それは、「独自のアイデアへの自信」と「自分がやるべきという決意」から生まれるものだと私は実感しています。


「独自のアイデアへの自信」は、突破力を生む源泉になります。

アイデアに唯一無二の独自性があれば、他に競合はいないわけですから、自分のやるべきことに自信を持って突き進むことができるのです。

私の場合、「途上国の情報格差を解消する」という「志」だけは高く掲げていたものの、いまの自分がいる地点から「志」を達成する場所まで、ポッカリと真空地帯のように空いている状態が続いていました。

その真空地帯を埋めるものは何か？　昼も夜も考え続けて、ぼんやりと浮かんでは消えていく。そんな日々でした。

鍋に入れた水に火をかけていると、グツグツと熱せられて、100度を超えた瞬間に沸騰する。それと同じように、考え続けていると、あるとき「これだ！」という具体的なイメージが浮かんでくるのです。

私の場合はそれが「ヒマラヤの山村に海底光ケーブルを敷設する」という独自のアイデアでした。そのアイデアに対して確固たる自信がありましたから、途中でいろいろな妨害に遭っても、へこたれることなく前進し続けてこられたのです。

アイデアに自信があれば、「自分がやるべきという決意」も生まれてきます。

さらにその中身が、公共性の高い仕事であり、「世のため人のため」になるものであれば、なおのことその決意も深まっていくでしょう。

アイデアや決意に、自分のこれまでの経験とキャリアが上手く融合したならば、シニアにしか発揮できない突破力になっていきます。

それだけの自信と決意があったればこそ、国際会議の２つのグループへの参加費用２５８万円を自己負担したり、日本のケーブル産業界が強烈な反対をしてきても負けずに突破することができたのです。

情報格差を解消するという「志」は、自分自身の価値観とも合致していましたから、誇り持って前進するのみという意識でした。

そうした心意気だけではなく、海底ケーブルや国際標準化といった知識を持つ私だからこそやるべき仕事であり、自分以外にはそれを成し遂げることができないという使命感があったのです。

逆に、自分自身の価値観に根差した「志」ではなかったり、あるいはアイデアの面で詰めが甘かったりすると、自信も決意も生まれてきません。「誰かに言われたからやる」というのでは、会社員時代と同じであり、シニアが残り少ない自分の時間を使ってやるべきライフワークではないでしょう。

人それぞれの形はあるかと思いますが、「独自のアイデアへの自信」と「自分がやるべきという決意」があればこそ、苦境を突破する力が湧いてくるものです。

「同調圧力」に屈しないための根回し

日本社会のなかで活動していると、国民性ともいえる「同調圧力」が襲ってくる場合も多々あります。

シニアの方々はこれまでのキャリアでもさんざん苦労してきたでしょうから、同調圧力に対する自分なりの処し方というものを身につけていらっしゃるかもしれません。

同調圧力による妨害は、たいてい事前に予測できるものです。

「この場面でこれ以上突っ張ったら、周囲の理解は得られないな」

こうした感覚は長年にわたり会社員をやってきた人なら分かることでしょう。

それでも自分の意思を通さなければいけない場面もあります。しかし、あなたの味方が誰もいなければ、多勢に無勢ですから、こちらがいくら正しい言動をしても周りから押しつぶされてしまう。これが同調圧力の怖いところです。

そこで、一時的には不本意な思いをするかもしれませんが、あえて潜水艦のように水面下で物事を進めることが必要な場合もあります。

自分の意見に賛同する人が少ないと思われるときは、いきなり大勢の前で自分の提案を出すのは得策ではありません。味方に抱き込みたい人に対して、事前に一対一で話し合う場をつくって説得するという「根回し」が重要になってきます。

同調圧力を感じているのはあなただけではなく、周囲の人たちも同じです。大勢がいる場では場の空気や組織のしがらみに従わざるを得ない人も、一対一の対話だと本音を打ち明けてくれます。

水面下で時間をかけて地道に根回しを行うことで、味方をつくり、あなたの意見が受け入れられる土壌を耕してから、満を持してオープンに提案をする。そういう手順を踏むことで、同調圧力を覆し、あなたの提案が受け入れられる可能性も高まるでしょう。

それでもダメな場合は、先に述べた私の経験のように、「議論を一つ上のレイヤーに上げてしまう」「キーパーソンに直撃する」などの方法をとる必要があります。

しかし、これらは荒療治でもあります。成功すれば結果オーライで認められますが、失敗するとあなた自身の評判に傷がつく可能性もありますし、周囲に禍根を残すこともあり得ます。

シニアになれば組織のしがらみもなく自由に動けるのは確かですが、それでも物事がスムーズに進む可能性があるならば、事前の「根回し」も大事なオプションとして考えておく必要があるでしょう。

「ひとりで自由に動く」ことと、「困ったときに助けてくれる味方を作る」ことは両立できます。日頃のつきあいで時間をかけて信頼関係を作っておけば、普段はひとりで自由に動いていたとしても、相談すれば味方になって助けてくれるようになるでしょう。

年をとっても「突破力」は身につけられる

「突破力」というと、どちらかといえば若さにまかせて勢いで突破する、といったイメージを持つ人もいるかもしれません。

しかし、年齢を重ねたシニアだからこそ発揮できる「突破力」というものもあります。

私もそうでしたが、若い頃は時間が無限にあるという意識があります。そのため何かをやるときも、「時間をかけられるから何とかなるだろう」「失敗してもまたやり直せばいい」と、ぼんやり考えて取り組むことが多かったように思うのです。

シニアになると、人生の残り時間が少ないという自覚が出ます。あることを成し遂げようとしても、それにかけられる時間が限られていることを否応なしに意識するのです。挑戦や失敗ができる回数も限定されてしまうのが、シニアの置かれた現実です。

限られた時間の範囲で、課題を解決したり壁を突破できる可能性が見えてくれば、それを迷いなく実行できるようになるのです。

むしろ、時間が限られているということを、シニアの強みとしてとらえなおす意識が必要なのです。

私が接してきた海外のシニアは、「今さら何も怖くない」といった感じで、失敗を恐れずに自分のやりたいことにチャレンジする姿勢の人たちがいました。

残念ながら日本のシニアは、好々爺然とするだけで社会の問題にはもう目を向けないという人が多いように見受けられます。社会からもそういったシニア像が肯定されているようです。

もちろん、性格や人当たりが良いのは素晴らしいことですし、そうした態度で周囲を安心させるのもシニアの役割です。

しかし、それだけではもったいないと私は思うのです。

「世のため人のため」に何かを成し遂げようとする姿勢、何歳になっても困難に立ち向かい壁を突破しようとする情熱を、次の世代に見せていくことこそ、シニアが果たすべき重要な社会貢献ではないでしょうか。

人間は何歳からでも変わることができる

サラリーマンで、家のローンや子どもの教育費などの負担を抱えているあいだは、職場や所属組織から批判されるような言動はあまりできないと思います。

私もNTT通信研究所に勤務していた会社員時代は、多少は自分の希望を伝える機会はありましたが、大きく波風を立てるようなことはしませんでした。自分自身の視野もさほど広くなく、世のため人のために「志」を持って動くというような生き方がどこまでできるものか、わからなかったからです。

若いころの変わり方と、シニアになってからの変わり方は違うのは当然です。シニアには確かに体力面での衰えはあります。

しかし、シニアになってからの変わり方は、それまでの人生で抱えていた不完全燃焼感が燃料になって、自分でも驚くほどの変化、成長をすることがあるのです。

誰もが人生100年時代を生きようとする現代、ひとりになってからも十分な時間がありま す。新しい「志」をかかげて行動していけば、自分が想像もしなかったほどの成長ができるでしょう。

自分のなかに問題意識がたくさん詰まっていると、本を読んでいても、偶然開いたページに記されていた先人の言葉が目に留まり、それが力となって背中を押してくれるような経験がよくあります。テレビをつけても、関心あるテーマへの答えが偶然語られていたりするのです。

不思議なことですが、自分自身の問題意識というアンテナが研ぎ澄まされているため、情報に対する感度も格段にアップしているのだと考えられます。

こうした日常の変化を積み重ねて、まず自分自身のなかにある壁を突破することが、いずれ困難に直面したときに発揮される「突破力」となるのではないでしょうか。

あるとき『広辞苑』をめくっていたら、平櫛田中（ひらくし・でんちゅう　1872～19

79）という人名が目に飛び込んできました。
明治から昭和の時代を生きた彫刻家の平櫛田中は、107歳の長寿を全うし、亡くなった時点では男性の長寿日本一でした。

100歳を超えても創作活動を続けていた平櫛田中は、こんな言葉を残しています。

「不老　六十七十ははなたれこぞう　おとこざかりは百から百から　わしもこれからこれから」

「いまやらねばいつできる　わしがやらねばたれがやる」

先人のこうした言葉は、挑戦を続けるシニアにとって何よりの励みとなるのではないでしょうか。

【第４章のポイント】

①新しいことをやろうとすると必ず妨害が起きるので、そこで動揺しないこと
②困難なときに助けてくれるような仲間を、普段の人づきあいから意識的に作っておく
③しがらみのないシニアだから、キーパーソンを直撃して状況を打破することもできる
④「独自のアイデアへの自信」と「自分がやるべきという決意」が、壁を突破する力になる
⑤人生の残り時間が限られたシニアだからこそ発揮できる「突破力」がある

第5章

「日本人」の価値観でニューノーマル時代を拓こう

現代世界の潮流と日本人シニアは相性がいい

シニアのライフワークは世界情勢とも無関係ではないわけですが、ニューノーマル時代においてＳＤＧｓに代表される持続可能な社会を目指す現代世界の潮流は、日本人のシニアにとって非常に相性がいいのではないかと考えられます。

価値観の見直しが世界規模で起こっているいまだからこそ、日本人のシニアが活躍する舞台が広がっているともいえるのです。

この章では、私がなぜ日本人シニアこそ世界で活躍できると考えるかを述べていきたいと思います。

なぜ私が「日本人シニアこそ世界で活躍できる」と考えるかというと、日本人がもともと持っている価値観が、世界が目指す方向性と合致しているからです。

欧米流の株主資本主義、競争原理や市場原理とも上手に付き合いながら、それ一辺倒にはならない。全体最適や協調、共生といった思考を持ち合わせている。このバランス感覚を持ち合わせているのは日本人の強みです。

それは数多くの国際会議に参加して、海外の人たちとやりとりしてきた私の偽らざる実感です。途上国の情報格差を早く安く解消することを目指し、光通信の開発・標準化・敷設のプロジェクトを7年以上続けてきて、その思いはさらに強くなりました。

世界の隅々までネットがつながり、ひとりの思想を広く直接発信できるいま、日本人のシニアが世界に向かって重要な役割を果たすことのできる時代がきたと確信しています。

オンライン会議ソフトや自動翻訳ツールなどＩＴ技術を活用すれば、距離や語学の壁はあっという間に飛び越えることができるのです。

現在シニアになっている世代は、安定成長のなかで前例踏襲することが基本でした。新しい仕事、特に外国絡みの仕事をこれから始めるのは、少しハードルが高く思われるかもしれません。

しかし、スマホの翻訳ソフトで、スペイン語でもネパール語でも、かなり使えるようになりました。そして２０２２年「世界最高の国ランキング」（米誌「U.S. News & World Report」）で2位となった日本は、共生の国であり平和憲法を75年間掲げてきた国としても知られ、世界からの信頼や期待が高いのです。

その日本の経験豊かなシニアには今、チャンスが巡ってきているのです。日本のシニアにとって、外国絡みの仕事、特に英語圏以外のマイナーな言語の地域で、「日本人と会ったことがない」

などといった相手にオンラインで巡り合えば、大チャンスです。

しかし多くの日本の会社はまだそのチャンスが国外を相手に一気に到来したことを実感していません。

２０２２年５月の「世界情報社会サミット（ＷＳＩＳ）２０２２」では、２５０を超えるセッションが開催されました。しかしセッションのオーガナイザーを務めた日本人は私とＮＴＴの後輩のもう一人だけでした。２５０もあったセッションで、日本人オーガナイザーはたったの２人だったのです。

現役の会社員といえども、会社の仕事に差し支えない範囲であれば、もっと自由に発信したり、社会的な役割を果たしても良いのではないでしょうか。そうすることで、現役時代から個人としての力を研き、役職や評価を得ることにもつながり、シニア世代にひとりで生きていく準備にもなるのです。

世界情報社会サミットフォーラム（WSIS FORUM）2019, 2022　でのプロモーション

ソリューション BIRD は、WSIS FORUM 2022 で インフラ部門の「チャンピオンプロジェクト」に選ばれた

しかし現状は、まだまだ日本企業は社員からのボトムアップの自由な活動を制約しています。ですから、会社という檻から解き放たれて自由になったシニア世代が、頑張って日本の持つ価値観やバランス感覚を世界に発信する意義は大きいのです。

250回の国際会議で実感した日本人の強みと弱み

私はこれまでの人生で250回を超える国際会議に参加してきました。

国際標準化会議は、諸外国の代表と議論し、自分たちの主張をいかに認めさせるかという真剣勝負の場です。こちらの提案が通らないと、巨額の損失を被ることや、国益を損なうこともあります。どの国も、自国の利益を最大化させようと、あらゆる手段を使って自分たちに有利な結論を出させようとするのです。

そんな厳しい環境で、文化も考え方も違うさまざまな国籍の人たちとやり合うなか、私は否応なしに自分が「日本人」であることを自覚したのです。

国内で同じ日本人同士で仕事をしているときには気がつきませんでしたが、国際の場で何度も痛い目を見るなかで、国際社会の感覚や常識は多様で、日本人は皆ほぼ同じ感覚と常識を持っていることがよくわかりました。

ニューノーマルの時代、日本人のシニアが世界を舞台に活躍するためには、「日本の常識は国際社会の非常識」に近い現実を知っておく必要があります。

まず、国際会議を通じて私が実感した日本人の「長所」と「短所」を列挙してみます。


【日本人の長所・強み（国際社会でアピールできる点）】

・共生の心や協調性をもち、全体最適を目指す
・チームワークで物事を進められる
・性善説で人を判断する
・「同じ人間だから話し合えば分かる」という感覚で接するので、相手からも好かれる
・嘘をつかないので信用される

【日本人の短所・弱み（国際社会で突っ込まれてしまう点）】

・価値観が固まっていない（良く言えば柔軟）
・準備したことはきちんと話せるが、質疑応答にアドリブで対応できない

・語学力（英語力）がないため提案内容がよくても議論に負けてしまう
・相手を無邪気に信用するので利用されたり騙されたりする
・（これまでに挙げた点などから）一緒に働くには頼りないと過小評価される

細かく挙げればキリがありませんが、大まかに言えばこのような点があるでしょう。

日本人の長所をどう活かしてアピールするか

日本人の長所と短所を列挙したのは「だから日本人はダメなんだ、国際社会では活躍できない」と悲観的なことを申し上げたいからではありません。むしろその逆です。混迷する世界にとって、日本人の長所は誠に希少で貴重なのです。

いま挙げたような日本人の長所と短所を自覚し、国際社会からどのようなイメージで見られているかを理解したうえで、自分の利益を最大化するためにその強みを利用していくことが大切なのです。

私がずっと参加してきた標準化に関する国際会議は、かなり専門的な分野でもありましたので、各国から来る代表メンバーの顔ぶれはあまり変わりません。ほぼ同じメンバーと年に2～3度会って議論するということを、何年も続けるわけです。

つまり「岡村はこういう人間だな」ということが、相手にも分かってしまうのです。

これが一度だけ会って終わる関係性なら、その場を取り繕ったり、騙すようなことをしてでも、自分の利益さえ確保できれば「勝ち逃げ」のような形でお別れすることもできるでしょう。

しかし、何年も継続する可能性が高い関係性である以上、「自分たちさえ良ければいい」というエゴイスティックな姿勢や、卑怯な振る舞いをすれば、あっという間に悪い評判が他のメンバーにも伝わります。短期的に利益を得られたとしても、中長期的には大きく損をしてしまうのです。

ですから、自分の素のままに行動するしかありません。素のままに行動しながらも、日本人の長所である点はアピールしつつ、短所はあまり知れ渡らないように気をつけていくのです。

例えば私は、会議に際し事前に提出する書類を、丁寧にかつ簡潔に、読む人の立場で読みやすいように気を配って準備をしてきました。会議前に配布される資料は、紙に印刷すると厚さ30センチにもなるくらい大量です。簡潔にポイントを記すよう心掛けないと、そもそも読んでもらえません。

逆に読みやすくまとめることで、「やっぱり岡村は日本人だから書類を丁寧に準備するな」と、もともと彼らが日本人に対して持っているイメージと相まって、私の好印象も与えられるわけです。

また、丁寧に準備をするということは、会議の場で想定外の質問が発せられる可能性も少なくなるわけで、「質疑応答にアドリブで対応できない」という短所を事前にカバーするという副次的効果もあるのです。

また会議の現場でも、協調性やチームワークといった日本人の長所を発揮できます。

次の会議への提案をまとめる必要が生じて「明日までに誰かやってくれないか」という状況になったとしましょう。諸外国のメンバーは「それは私の役目ではない」というスタンスで、あえて協力する人は少ないのです。

そうした状況で率先して手を挙げて、ボランティア精神で仕事を引き受けるのです。実際に私もそうした経験がありますが、本来やるべきことにプラスアルファで作業が加わるので、ときには徹夜で行うこともありました。そんなときも、平気な顔で翌日、資料を提出するのです。また、一部に自分の意見を紛れ込ませたりして、そのあとの議論を有利に展開できたこともありました。

こうした行動を続けていると、「岡村は技術や知識もしっかりしている」「それでいて協力的なので一緒に仕事をしていると助かる」といった好印象を与えられるのです。

国際会議といっても生身の人間の集まりです。こうした積み重ねが、意見が対立したりした場合に自分の味方になってくれる人を増やすことにつながるでしょう。

私の「ソリューションＢＩＲＤ」の提案が日本の反対で潰されそうになったとき、海外勢が味方してくれたのはこうした背景もあったのです。

国際会議で直面したカルチャーショック

私は大学も就職先も、周囲の同僚は１００パーセントが理系の技術者でした。技術の話だけしていれば許される同質的な環境で40歳まで過ごしてきたのです。

そこから標準化の仕事をするようになり、国際会議に参加して驚きました。

参加者たちの個性が強いどころか、日本人とは全く違う論理で行動する人がいるのです。

会議時間も考えず長々と自分の意見だけを強硬に主張するイスラム圏からの参加者がいて、欧米諸国の人たちは半ば呆れた様子で黙って聞いているのです。

こういう場合、「発言時間が長すぎる」「ルールを守れ」と訴え、議長に注意させようとするのが日本人の常識です。

けれども、参加者たちは皆、咎めることもせず放任している様子なのでした。最初のうちはよく分かりませんでしたが、そのうちに、これまでも注意されてきたが治らないので「言ってもムダだ」と皆が諦めているということが分かってきました。

その他にも、会議をマイペースで乗っ取ろうとするイタリア人、ほとんど聞き取れない発音で堂々と英語を話す中国人、相手が分かっていようがいまいが超早口でまくし立てるアメリカ人、なぜか突然席からいなくなるアフリカ諸国の人など、本当にカルチャーショックの連続だったのです（印象に残っている例を挙げただけで、その国の人がすべてこうした振る舞いをするというわけではありません）。

技術のことを話し合う場であっても、技術の知識だけでは議論に勝てません。議論の相手である「人」を知らないと勝負にならないのです。

そんなこともあって必要に迫られ、世界の宗教や文化などについての勉強を始めました。

国際社会の冷徹な行動原理を理解せよ

諸外国の宗教や文化の勉強を重ね、国際会議への出席を重ねるなかで、国際社会の冷徹な行動原理というものが少しずつ分かってきました。

それを一言でまとめると次のようになるでしょうか。

「勝つため、自分たちの利益のためには、どんなことでもする」

当たり前のように思われる人もいるかもしれません。しかし、「どんなこと」の指す範囲が、日本人のそれより諸外国は遥かに大きいのです。

ですから日本人が国際社会で生き残るためには、「勝つためにはどんなことでもする」という相手が大勢いるという現実をまず認識しなければいけません。無防備に飛び込んでは、狼の群れの中に迷い込んだ羊のように襲い掛かられかねないのです。

最初にそのことを意識したのは、アメリカの代表団の振る舞いをみたときでした。

ある案件について、アメリカ代表団の一人が、プライベートな場で他国の参加者に「実は自分は自国の方針に反対なのだ」と本音を打ち明けてしまったのです。そのことを聞きつけたアメリカ代表団の団長は、即座にその委員を帰国させたのでした。

議論で負ける要素は徹底的に排除する。そのためには躊躇なく非情な決断をくだす。そのアメリカ代表団の厳しい姿勢に驚くと同時に、ある種の恐怖心を覚えました。

また、定められている会議のルールや手順があったとすれば、日本人は必ず守るでしょう。そしてルールで決められた範囲で最善の努力をしようとするのが普通です。

しかし外国は、自分たちが負けると分かった瞬間、ルールを曲げて都合のいいように解釈したり、あるいはルールそのものを変えてしまおうとします。

私もそうした洗礼を受けたことがあります。

ITU-TのTSAG会議で私が副議長を務めていました。1期4年の任期でしたが、複数いる副議長のなかで、私だけが2期目のベテランという立場でした。

その会議の議長（カナダ）が所属する企業を突然退職したことで、議長の椅子が空いたのです。ルールでは、副議長のなかでいちばん長く勤めている人が議長に昇格することになっていました。

ところが、カナダから日本の総務省に「カナダが議長になりたい」という圧力がかかりました。そして、ルールの解釈を強引に捻じ曲げて私が議長になれないように働きかけ、代わりに新顔のカナダ人を一瞬だけ副議長にして、その副議長を私を飛び越えて議長に昇格させたのです。

向こうは国益をかけて議長のポストを獲得しにきていましたので、日本の総務省は押し返せませんでした。当時、NTTやメーカーに属さず、自由な立場で動いていた私がTSAGの議長になれば、日頃の言動から考えて、情報格差問題で欧米諸国と摩擦を起こすと懸念したのかもしれません。

国際社会では自国が絶対に負けないように、ときにはルールを越えた領域までも戦略的に手を打ってきます。あっという間に、自分たちに不利な条件が決められてしまうのです。

極端な話、自分の身を守るためなら何をしてもいい、というのが国際社会の常識です。自分たちの利益のためなら、嘘も騙しもやってきます。普段は紳士的に振る舞っている人でも、シビアな交渉の場になれば牙を剥いてくるのです。

孔子は「身内を守る嘘は道徳に反しない」と教え、事実、保険金詐欺が日本の100倍という「儒教の国」があります。またドイツの親は子供に「嘘のつき方」を教えるそうです(曽野綾子・クライン孝子「なぜ日本人は成熟できないのか」海竜社)。

日本の性善説も厳しいグローバル化の波にさらされて風前の灯です。日本でも、子供に嘘のつき方を教えるような日が来るのでしょうか……。

日本人は、こうした国際社会の冷徹な行動原理を理解し、事前に心構えをしておかなければ、いざというときに対処できずに押し切られてしまうのです。

「60点主義」と「トライアンドエラー」

さて、私が触れてきた国際社会の行動原理のなかで、日本人のシニアが今日からでも取り入れられ、日々の仕事や生活に活かせる考え方が2つあります。

それは、「60点主義」と、「トライアンドエラー」という考え方です。

「60点主義」と「トライアンドエラー」は密接に結びついています。

第2章の「模範解答はない、必要なのはあなたの答え」でも述べましたが、日本人はとかく模範解答を求めがちで、完璧主義で100点満点でなければ恥ずかしいと思ってしまう傾向があります。

人種や言語の面で同一性が強いお国柄のせいか、何かの問題に対する答えも一つであると思い込んでしまうのかもしれません。ただ一つの模範解答が分からなければ発言しない、模範解答と違う答えは間違いである、という意識も強いようです。

しかし国際会議の場では、間違えたり恥をかくリスクがあってもどんどん挙手して発言しなければ、全く相手にされません。多少は粗があっても、何度も発言している人のほうが存在感は増して、意見が通りやすくなるのです。

昔、ある国際会議で中国の参加者が言っていました。

「今から10年くらいは恥をかいてこいと言われている。間違えて恥をかいてもいいから、とにかく何か発言して帰ってこいと、国からそう言われているんだ」

実際に当初は、中国人の参加者の発言は「それは議論する必要がない」というレベルのものが多かったのです。

しかし、あれよあれよと参加者の知識レベルが向上し、それに伴って参加者数も増えてきて、今では標準化の国際会議でも一大勢力になっているのです。

シニアの皆さんは、もう上司からの評価は気にしなくてもいいはずです。この際ですから「100点を取らなければ恥ずかしい」という「100点主義」から脱却して、「ギリギリ合格点とれればOK」という「60点主義」に切り替えてみてはいかがでしょうか。

なぜならば、これからの世の中で起こってくる課題、シニアの皆さんが取り組むべき課題は、そのほとんどが「誰も正解が分からない」という難問です。最初から100点を目指していては、一歩も前に進めません。

まずは60点でいいので、自分の考えを発言したり、形にして世の中に出してみる。それに対する周囲や世間のフィードバックを踏まえて、次に70点、その次に80点と、バージョンアップしながら100点を目指していけばいいのです。

これが、「トライアンドエラー」です。

しがらみから解放された今こそ、最初の一歩を軽く踏み出しましょう。そして我々が得意な「昨日より今日、今日より明日」との意気で、「カイゼン（改善）」を重ねればいいのです。

海底ケーブルを地表に置くという私の「ソリューションBIRD」は、60点主義の最たるものです。地中深くにパイプを埋めてそのなかにケーブルを通せば、たしかに安全性や信頼性は100点に近づきます。しかしそのやり方では、工事にコストも時間もかかってしまい、いつまで経っても実現できる見込みがありません。

だったら、安全性や信頼性は60点くらいでもいいから、まずはインターネットをつなげることを優先しよう。壊れたら、そのつど修理しながらカイゼンすればいいじゃないか――こうした「60点主義」「トライアンドエラー」の発想だからこそ、実現できたのです。

「このやり方なら、なんとか60点以上はとれそうだな」

そう思えたなら、すぐに実行してみるようにしましょう。

一神教の考え方を理解せよ

東京工業大学名誉教授で社会学者の橋爪大三郎氏はこう述べています。

「日本以外のたいていの国では、経済・政治・法律……社会生活を、丸ごとひっくるめたものが『宗教』なんです。キリスト教がかってそうだったし、イスラム教ではいまもそうである。ゆえに。『宗教』を踏まえないで、グローバル社会でビジネスをしようなんて、向こうみずもはなはだしい」(橋爪大三郎『世界は宗教で動いてる』光文社新書)

私も全く同感で、国際社会の行動原理を知るために欠かせないのは、宗教に関する知識です。

ここでは個別宗派の教義まで細かく論じることはしませんが、前提として、一神教と多神教の考え方の違いについては理解しておくべきでしょう。

欧米人やイスラム諸国の人たちとやり取りをすると、日本人にはなかなか理解しにくい思考に戸惑うときがあります。それは、彼らのベースにある一神教の考え方に慣れていないからなのです。

一神教とは「一つの神のみを信ずる信仰を説く宗教のこと」であり、キリスト教、ユダヤ教、イスラム教などが代表的です。

多神教とは「複数の神々を同時に崇拝対象としている宗教形態」であり、日本の神道や、インドや古代オリエントの宗教がこれに属します（いずれも『日本大百科全書』より）。

欧米人にはキリスト教という一神教の信仰が文化のベースにあります。特にプロテスタント（新教）は世俗的な欲望や浪費を禁じ、エネルギーを信仰と労働（神が定めた職業、天職）に注ぎこむことで、近代資本主義を発展させてきました。

つまり労働によって富を得ることは、神の意志に沿った行動でもあるのです。なので、プロテスタントの影響を受けた欧米、特にアメリカ人は、富を得ることに躊躇がなく、富を追求するあくなき姿勢があるのです。

料理もファッションもカトリックの国々（伊・仏・西など）は洗練されています。しかし世俗的な欲望や浪費を戒めるプロテスタント系（米・英・北欧など）ではパッとしません。

そして日本人は、お金を儲けることにどことなく後ろめたさがあります。仏教は富の追及や競争を戒めていますから、近江商人の「三方よし」（売り手よし・買い手よし・世間よし）のように、自分だけが儲かるのではなく、かかわった人が皆良い思いをする方向を目指そうとします。

それ自体は素晴らしい美徳だと思いますが、キリスト教的な考え方をベースに貪欲に富を追求する欧米人と短期の利益や覇権を争えば後れをとってしまうことも事実なのです。

日本の「頑張れ」と欧米の「グッドラック」

私たち日本人は、誰かを励ますときに「頑張れ」という言葉を使います。

一方、欧米人は「グッドラック（Good Luck ＝幸運を祈る）」といった表現を使うことが多いようです。

こうした言葉にも、人生観の違いが表れています。

多神教である日本では、自分の人生を良くするも悪くするも自分の理性の責任という理解があり、そこから「頑張れ」という言葉も日本社会に根づいていると思うのです。

江戸中期の哲学者・三浦梅園（１７２３～８９）は『玄語』で「是非や取捨の判断は天地を唯一の基準として我々が自分の責任において行うべきである」と書いています。

唯一の神に人間がひれ伏すという一神教の世界観のなかからは、人間が自力で頑張るという発想は生まれにくく、だから「グッドラック」なのです。

現役時代は貪欲に富を追求し、リタイアすると慈善活動や寄付を熱心に行うプロテスタントの典型的な人生には、「能力を生かして富を増やし神に寄付せよ」（新約聖書『マタイによる福音書』）という言葉を意識する生き方がうかがえるのです。

神の御心に沿った行動を求める一神教は、人間の理性に対する信頼が薄いのです。

明治維新直後、キリスト教の洗礼を受けた新渡戸稲造や内村鑑三は、結局はキリスト教に違和感を覚えました。新渡戸は「キリスト教は、武士道の幹に接木するには貧弱なる芽である」（『新渡戸稲造全集』12巻）との言葉を記しています。

人間の理性を信じ、「自分で自分の道を切り開くために頑張りなさい」と言われるほうが、日本人の魂には響くのではないでしょうか。

世界にあふれる格差と日本の立ち位置

多神教は多くの場合、信仰対象は一つの神ですが、別の民族の神も取り込んで尊重できます。ですから日本では昔から、多様な信仰を持つ人々が共存できているのです。

一神教の文化はそうではありません。他の神の存在を認めないのですから、異教徒に対して苛烈な攻撃をしかけ、殲滅させようとする傾向さえあるのです。

『ローマ人の物語』などで知られる作家の塩野七生氏は鋭く指摘しています。

「一神教の側は相変わらず寛容ではないんですね。（中略）他宗教の人間は平等どころか奴隷にすることも可能なのです」

「日本人もはっきり言うべきなのです。キリスト教もイスラム教も、別の宗教を信じる人間とは平等ではない、奴隷にしても構わないという部分を、なぜ経典から削らないのかと」

（新潮社『波』２０１９年2月号）

現代社会においても、経済格差という形で奴隷制度の構造は残っているのではないでしょうか。

２０１９年には、世界の超富裕層の上位26人が、世界人口の下位約38億人の総資産とほぼ同額の富を保有しているとの報告も出ました（経済産業省『通商白書２０２０』より）。

そして現在、デジタル空間においても格差は深刻です。先進国は、次々と新技術を開拓しては、そこから生じる利益を独占しようと貪欲に振る舞っています。

このように、インターネットへのアクセスすらできない途上国の27億人との格差は拡大する一方です。

一神教の国々に格差の解消は難しいのならば、格差解消は誰が担うのか。経済的には先進国でありながら、多神教の文化がベースにある、日本の立ち位置は絶妙なバランスなのです。

先述の塩野七生氏も、『日本人へ、国家と歴史編』の冒頭で「一神教こそが人間社会の諸悪の根源、と思っている。私は宗教としてのキリスト教が嫌いだ」としながらも、「ただし人間としてのイエスは好き」と述べ、絶妙なバランス感覚をうかがわせています。

内村鑑三は「日本独自のキリスト教」を打ち立てる事を決意し「日本的基督教のみ能く日本を、日本人を救うことができる」(「日本的基督教」『聖書之研究』1920年)と述べ、弟子の矢内原忠雄(元東大総長)は「日本的基督教は『日本人の心情を持って解したる基督教』」と言いました。

日本的基督教が現代において、キリスト教の影響力が強い世界に向かって、どのような役割を果たせるのかは分かりませんが、このようなバランス感覚を有する日本は、人類が争わないで共生する地球社会の実現を目指して世界をリードできる国だと思います。

イギリスの歴史学者アーノルド・J・トインビーは「第二次大戦において、日本人は日本のためというよりも、むしろ戦争によって利益を得た国々のために、偉大なる歴史を残したと言わねばならない。その国々とは、日本の掲げた短命な理想であった大東亜共栄圏に含まれていた国々である」と述べました(英紙『オブザーバー』1965年10月28日)。

第一次世界大戦前の1914年には、ヨーロッパ系白人が地球上の土地の84パーセントを支配していました。そのとんでもない歴史が終わった背景に、日本の存在がありました。

そんな歴史的文脈から考えれば、第二次世界大戦は日本にとって安全保障上の必要に迫られた戦争であり、ヨーロッパ系白人の支配する国際秩序への挑戦だったともいえます。

現に、連合国軍総司令官ダグラス・マッカーサーも、「日本人が戦争を始めた目的は、主として安全保障の必要に迫られたためであった」と証言しています（1951年5月、米上院軍事・外交委員会）。

しかし戦後、日本の占領政策を進めたGHQ（連合国軍最高司令官総司令部）は、日本の精神的再起を徹底的に抑える苛烈な占領政策を進めてきました。我々は、戦争への罪悪感を日本人の心に植えつけるGHQによる宣伝と情報統制、7769点の単行本の「焚書」などの結果、日本人から日本を誇る気持ちと日本的価値観が大きく失われたことを知るべきです（西尾幹二『GHQ焚書図書開封1』徳間文庫カレッジ、「戦後日本の今日に及ぶ頽廃の原点がここにある」）。

日本は寛容で性善説の仏教徒が多い国です。なおかつ唯一の被爆国で、ユニークな平和憲法を擁し、戦後70年以上にわたり戦争をすることもありませんでした。

これらの誇るべき点がある日本を引き継ぎ、支えてきた日本のシニアの行動には、国際社会においても我々が思う以上の説得力があり、信頼を広げられる可能性があるのです。

藤原正彦さんに「たかが経済にハイジャックされた国」と言われて黙ってはいられません。世界に尊敬される国を再び目指したいものです。尊敬される国になれば、日本人が自信をもち、経済も観光も人口も上昇に転じると思うのです。

こうした思いもあって私は「情報格差解消は日本人だからこそできる」と考え、行動を起こしたのでした。

日本社会に脈打つ「共生」や「協調」の思想

日本社会には諸外国から尊敬されるに値する美徳があります。

例えば、1995年の阪神・淡路大震災や2011年の東日本大震災の際、避難所で救援物資を配布する列に整然と秩序を守って並ぶ日本人の姿は、海外から驚きと称賛をうけました。

他人を押しのけてでも自分の利益を確保しようとする「競争」の考え方よりも、自分も他人も仲良く皆で幸せになっていこうとする「共生」や「協調」の価値観が、日本社会に根づいている象徴的な光景ではないでしょうか。

日本は四方を海に囲まれた島国という地理的条件に加えて、王朝交代することなく文明が長く継続してきたという特徴があります。

実在が確認されている第10代崇神天皇から数えても2100年以上、初代天皇とされる神武天皇までさかのぼれば2600年以上です。日本の王朝の継続、つまり日本の文明の継続の長さは、日本に続くデンマーク王朝、イギリス王朝の2倍以上です。

他国と陸続きで国境を接し、異民族との領土争いを続けざるを得なかったような国は、唯一絶対の強い神のもとで結束し、外敵、異教徒と向き合わざるを得ませんでした。そこからは、多くの神を受け入れる日本社会に脈打つような「共生」や「協調」の価値観が生まれるのは難しかったのではないでしょうか。

日本は富の追及や競争を煩悩として戒める仏教を擁し、温暖な気候、豊かな水と緑と海に恵まれて定住し、庶民は貧しくも平和に暮らしてきました。

そこでは一人ひとりが日々の暮らしのなかで、「昨日より今日、今日より明日」と、より良い人生を目指して生活し、その知恵を受け継いできました。いわば歴史のフィルターを途切れることなく動かしてきたのだと思います。

世界一長く続いたといえる、平和のなかの定住生活がそれを可能にしました。こうして、日本独自の「共生」や「協調」の価値観を磨き上げてきたのだと思います。

仏教学者の増谷文雄氏は著書『釈尊のさとり』（講談社学術文庫）のなかで、ニュートンが万有引力を発見したとき、〝あっ、引っ張られている〟と気づいたように、釈尊は大意〝あっ、すべては繋がっている〟と気づき、釈迦はこの認識が、人を苦から救う鍵だと考えたとしています。

人と人の共存、人と自然の共存、正義より寛容、競争より協調、分析より統合、部分最適より全体最適……こうした方向性を志向する多くの日本人の心奥には、この釈尊の気づきがあったのではないかと私は考えています。

日本人が国際活動をするに際して、大切にしたい価値観ではないでしょうか。

世界を競争から協調へと導く日本人シニアの使命

昨今の富の偏在、格差の拡大、テロ、そして思いもかけなかったロシアのウクライナ侵攻と、世界は混迷を深めています。

そんななかで、市場原理に支配されているようなビジネスの世界でも、「競争から協調へ」

という価値観の転換が起こりつつあります。
ここで、競争と協調の違いを比較してみましょう。

【競争（成果主義・能力主義）の本質】

・部下を育てない、できる人は出世できない
・仕事の質より相手の動き、勝敗が気になる
・負ける恐怖に支配される
・勝ちに結びつくことだけをやる
・自尊心が崩壊→仕事の質の低下
・競争相手が解決済みの問題に必死に取り組む
・失敗を隠す

【協調（和）の本質】

・自分との戦いに集中できる→心理的自由獲得
・自分に対する忠誠心（自尊心）を堅持できる
・自分で自分をコントロールできている感覚

・失敗は成功へのプロセスと考えられる
・負ける恐怖からの解放→飛躍できる

交通網やインターネットの発達で地球が狭くなり、国や企業どうしの関係も密接かつ複雑になってきています。競争原理だけで突き進めば勝者と敗者が生まれてしまいます。敗者とされた側の声も、インターネットによって世界中に拡散される世の中です。いったんは勝者になったとしても、ネガティブなイメージが広がれば一瞬にして消費者からソッポを向かれてしまうのです。

競争ではなく協調を志向しながら、地球全体の利益を考えて活動をする。ニューノーマルとSDGsの時代には、そのような姿勢が求められるのです。

日本企業も残念ながら市場原理主義の大波にさらされて、競争原理による経営をしてきました。

しかし近年、日本文化に本来そなわっていた「協調」を重んじる経営が見直されてきています。

例えばトヨタ自動車では、「失敗は成功へのプロセス」という考え方に基づいて、工場のラインなどで失敗を申告した人は、改善のチャンスを見つけたという意味で褒められるのです。

仮に、失敗すると上司に責められる文化であれば「失敗を隠す」ようになって、後により重大な問題となって表面化してしまうでしょう。

「協調」という日本文化のベースをもち、企業の競争原理からも自由になった日本人シニアは、「競争から協調へ」という価値観の転換を担うにふさわしい存在なのです。

ニューノーマルとSDGsの時代に見直される日本人の価値観

SDGs、コロナ禍でのニューノーマルのライフスタイル、そしてロシアによるウクライナ侵攻と、時代は急激に変化しています。

一部の専制国家による「力の論理」が再び国際社会を席巻しようとしている今だからこそ、日本人が備えている「共生」や「協調」という価値観が見直されていくはずです。

情報格差が解消され、世界中がインターネットでつながる未来はもうすぐそこまで来ています。「ソリューションBIRD」が、「通信速度格差（data-rate divide）」を解決し、地上全域でインターネットを真にサクサク使える時代を開くのです。

国境や距離を超えてオンラインで多人数、リアルタイム、高精細画面で会話をすることも、工場を在宅で遠隔操作することが日常になれば、ライフスタイル、交通・流通、都市の作りから遠隔地の開発まで、社会全体へのインパクトは計り知れません。

多くの民衆が「善」と思う価値観が、世界の主流になっていくでしょう。

格差や貧困をもたらした「競争」中心の世の中から、「協調」を基調に地球的課題に取り組む世界になる、その大きなうねりは、専制国家による軍事行動を抑える作用も果たすはずです。

「ソリューションBIRD」はほんの一例にすぎません。シニア、またはシニア予備軍の皆様は、自分のいる場所で「世のため人のため」に様々なアイデアやソリューションを考え、あるいは発言し、行動を起こすことです。「志」を持って立ち上がったひとりの行動が、周囲に波動を生むのです。

その波動は、同じシニア世代に「横」へ広がっていき、それぞれの子や孫の世代へと「縦」に受け継がれていくでしょう。ひいては日本という国を、世の中をより良い方向へと導く力となるのです。

あなたの力を必要としている人は、この世界のどこかに必ずいます。

世界にも日本にも、解決しなければならない問題はたくさんあります。

これまでの人生で培った経験を、眠らせるのはまだ早すぎます。

日本が本来持っている「共生」や「協調」の価値観に光があたっている今だからこそ、日本人シニアが活躍する舞台はかつてないほどに広がっているのです。

あなたの「志」を実現するために、一歩踏み出すときは「今」なのです。

【第5章のポイント】

①欧米流の資本主義と、「協調」「共生」といった思想を兼ね備えた日本のバランスは強み

②日本人らしいチームワークや丁寧さを発揮すれば海外でもアピールポイントになる

③「勝つためにはどんなことでもする」という国際社会の行動原理を理解することが大切

④一神教が世界の格差を生んだ。今後は日本のように多神教的な価値観が必要となる

⑤「競争から協調へ」という世界の流れをリードするのは日本人シニアこそ最適の存在

エピローグ　情報格差解消への挑戦は続く

ヒマラヤの山村であるネパール中西部ドゥル市で、光通信ケーブル敷設工事が無事に終了した2カ月後――。

2019年5月29日、「ソリューションBIRD」の引き渡しと終了を記念するイベントが盛大に開催されました。

イベントには資金提供元の国際機関APT、ドゥル市長、ドゥル病院の院長、市幹部やメディア関係者、地域の有力者などが数多く出席。日本側も、協力・協賛してくれたKDDI財団の鈴木理事長。内山部長、光ケーブルの株式会社OCCの都丸前社長、石川部長などが招かれました。

ドゥル市のバンダリ市長は、

「すべてのゲストに感謝し、私たちの挑戦で皆が元気にな

ドゥル市の市長から記念の盾をもらう著者
右は（株）OCCの石川さんとネパール側のサポータICT4Dのパバンさん

ることを願います」

と述べておられました。

住民の方々は看護師だけの簡素な診療所に行くにも山道を歩いて5時間も普通だそうでオンライン診療への期待を、口々に述べておられました。

ネパールの人たちは基本的に話したがりなので、次から次へと「俺にも話させろ」と勝手に登壇して好きなことをしゃべっていました。

主催者が「プロジェクトの発案者であるドクター岡村もぜひお話を」とうながしてくださったので、英語で挨拶をさせていただきました。

「ドゥル市からほど近いルンビニは、釈迦の生誕の地として世界に知られています。このドゥル市は、画期的な光通信ケーブルソリューションの発祥の地として、世界に知られるようになるでしょう」

この私の発言は、現地ネパールによる公式報告に記載され、今回のプロジェクトについても次のような高い評価をしてくれました。

〈高速光伝送および標準化の専門家であるドクター岡村は、主任設計者であり、低コストのエンジニアリング技術を通じて安価な地域参加型の遠隔地向けブロードバンドソリューションの概念を育ててきました。彼は、主に手頃な価格に焦点を当て、信頼性に最大限の努力を払い、

ＤＩＹベースの光ケーブルソリューションを開発しました〉

〈ネパール通信規制庁のダイゲンバージャー長官は、このソリューションを「岡村モデル」と名付けて新聞発表しており、10キロメートルの光ケーブルを使用したこのソリューションは、ネパール西部に実装されました〉

〈２０１９年３月、光ケーブル10キロメートルの一部は、未踏のジャングルの地表に手動で配置しました。前例のない低い価格で、困難な条件下で光ケーブルを簡単に敷設することで、光ケーブルを接続するための扉が世界的に開かれることが期待されます〉

まさに、情報格差を解消する道の「扉」が世界に開かれたのです。

「ソリューションＢＩＲＤ」は世界に広がりつつあります。

モンゴル、ウランバートル北東 70kmのテレルジ国立公園ホテルまでソリューション BIRD の光ケーブルを浅く埋設した跡を示す著者（2022 年 9 月 20 日）

２０２２年９月20日には、モンゴルのテレルジ国立公園に敷設した約20キロメートルの光通信ケーブルの完工式典が現地で行われました。

私も「今回の成功が、世界の情報格差の解消を牽引することを期待しています」と話させていただきました。

次なる目標は、エベレストのベースキャンプ地です。42キロメートルの光ケーブルがすでに麓の車道の終点（高度２４００メートル）に到着しており、２０２３年の１月後半、氷河部分にはヘリコプターも使ってケーブル敷設を始める予定です。

そして次はタンザニアです。

２０２２年８月19日にタンザニアテレコムのマギンガさんから、「岡村のＩＴＵ標準の光ケーブルがキリマンジャロのプロジェクトに最適だと思うが、話を聞きたい」と1年ぶりに連絡がありました。

その後、10月11日には建設交通通信省のクラレンス通信部長から「キリマンジャロの頂上までブロードバンドを入れる計画にソリューションＢＩＲＤは

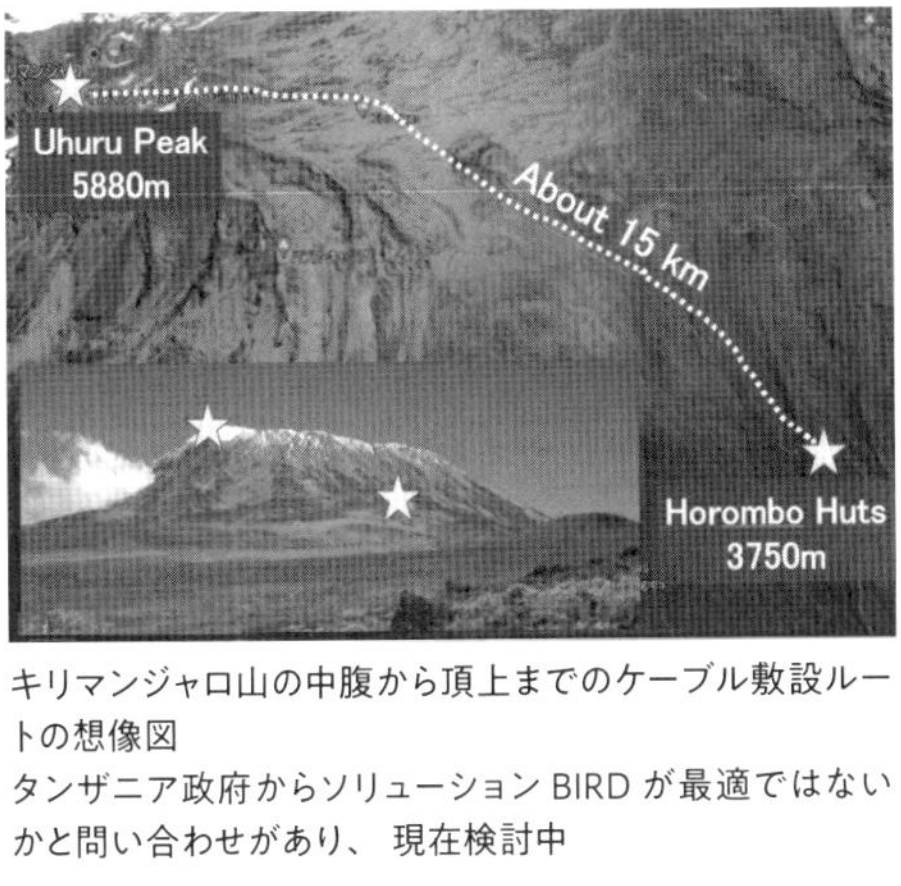

キリマンジャロ山の中腹から頂上までのケーブル敷設ルートの想像図
タンザニア政府からソリューション BIRD が最適ではないかと問い合わせがあり、 現在検討中

大変有望と思う……」とのメールを受け、現在検討中です。

エベレストやキリマンジャロに、「ソリューションＢＩＲＤ」でブロードバンドがつながれば、遭難救助、リモート観光、学術調査などが現地の収入や雇用を生むでしょう。ケーブルルート上にある過疎の集落には遠隔の教育・医療・防災・ビジネスなどの機会が拡がります。

先日のネパールとのオンライン会議では、「第3の極地ヒマラヤの氷河の後退を調べれば、下流の10億人への水資源の枯渇や未知のウイルスの発生への懸念にも対処できる」という期待を込めた話も出ました。

地球社会の持続可能性を大きく左右する重要な社会インフラのひとつとして、私が考案した「ソリューションＢＩＲＤ」の存在に、光が当たろうとしています。

世界の情報格差解消という「志」の実現に向けて、私の挑戦はまだ始まったばかりです。

エベレスト　ベースキャンププロジェクト（ケーブル 42km ）のコロナ後の再開式（2022 年 8 月 12 日）
背後にケーブルドラム（34 個）が見える（著者は日本からリモート参加）

あとがき

あなたも「ファーストペンギン」になろう！

２０２２年12月7日、同年9月に行われたＩＴＵの電気通信標準化局長選挙に当選した尾上誠蔵さんにお会いしました。私が「ソリューションＢＩＲＤ」の創設者だと知ると、尾上さんは「選挙運動中、アフリカなどでのイベントで、日本が果たした貢献の非常に良い例としてネタとして使わせてもらいました」と言われました。

ＩＴＵのホームページでは、次期局長の優先課題として「残る27億人をインターネットにつなぐためにＩＴＵ技術標準の広汎な普及を優先します」とも述べています。

私が10年前から続けてきたチャレンジに、心強い追い風が吹いたのを知った瞬間でした。

「ファーストペンギン」という言葉を最近よく聞きます。

ペンギンは常に多くの個体が群れて集団行動をする動物です。ペンギンの群れには特定のリーダーは存在しません。群れに何らかの危険が迫ると、その危険に気がついた最初の1羽が逃げる行動をとり、それに他の個体も追随するのです。

水中にエサを捕りにいく際も同様に、最初の1羽が水中に飛びこむと、他のペンギンも続いて飛びこんでいきます。水中にはペンギンを捕食するシャチなどの天敵がいるかもしれませんから、最初に飛びこむペンギンはリスクが高いといえます。その代わり、他のペンギンに先んじてエサにありつけるチャンスもあるわけです。

このように、リスクを恐れずにはじめてのことに挑戦してチャンスをつかもうとする人を、アメリカでは、そして最近は日本でも敬意をこめて「ファーストペンギン」と呼ぶのです。

ファーストペンギンという言葉を聞くと、私はひとりの人物を思い浮かべます。

それは、戦争直後の1945年10月より翌46年5月まで内閣総理大臣を務めた、幣原喜重郎という人物です。

幣原は、1946年1月24日にGHQのマッカーサーと秘密裏に会見しました。

その場で幣原はマッカーサーに対し、日本の新憲法に「戦争放棄」「武力不保持」などを盛りこむように提案したのです。マッカーサーは幣原の申し出にいたく感動し、合意をしたのでした。

こうして生まれたのが、日本国憲法第9条の「日本国民は、正義と秩序を基調とする国際平和を誠実に希求し、国権の発動たる戦争と、武力による威嚇または武力の行使は、国際紛争を解決する手段としては、永久にこれを放棄する。」という条文でした。

幣原は1951年に当時を回想して、

「僕を決心させたものは僕の一生のさまざまな体験ではなかったか……今こそ平和のために。そのために生きてきたのではなかったか。僕は天命をさずかったような気がした」と語っています（平野三郎『幣原先生から聴取した戦争放棄条項などの生まれた事情について』国立国会図書館憲政資料室）。

「平和憲法」の評価はともかく、私が幣原喜重郎についてあえてここで書いたのは、「戦争放棄」を謳った、世界でも類例をみない憲法9条が、幣原喜重郎というたったひとりの人物の「価値観」「志」「アイデア」から生まれたことを伝えたかったからです。

そして、幣原がマッカーサーに平和憲法を提案したのは73歳のときでした。まさに、シニア世代真っ只中といえるでしょう。

この本を読んでいただいた皆様も、「志」と「アイデア」、それを支えるあなたの「価値観」があれば、あなたの分野で世の中を変えるファーストペンギンになれる可能性があるのです。

日本人シニアの大先輩がひとりで残した足跡を想い、私たちも世界に飛び出していこうではありませんか！

岡村治男（おかむらはるお）

ひとり開拓者
工学博士

東京工業大学（修士）卒、NTT、NEC、コーニング社を経て、株式会社グローバルプランを設立。海底光ケーブルをDIYで地上に設置できる経済的な光通信ソリューションを開発。情報格差解消への世界標準とし、2019年にヒマラヤとモンゴルで実証。世界情報社会サミット（WSIS 2022）のインフラ部門でチャンピオンプロジェクトに選ばれた。早稲田大学客員教授、東京大学非常勤講師、産業技術総合研究所研究顧問を経て、現在国際電気標準会議（IEC）で光ファイバーシステムの国際議長、情報通信審議会専門委員、情報通信研究機構外部評価委員。情報通信技術賞（総務大臣表彰）、産業標準化事業表彰（経済産業大臣表彰）。

ニューノーマル
シニアはひとりで世界《せかい》へ！

2023年 2月24日　初版第1刷

著　者／岡村治男《おかむらはるお》
発行人／松崎義行
発　行／みらいパブリッシング
〒166-0003 東京都杉並区高円寺南4-26-12 福丸ビル6F
TEL 03-5913-8611　FAX 03-5913-8011
https://miraipub.jp　E-mail: info@miraipub.jp
編　集／とうのあつこ　徳山雅代
ブックデザイン／池田麻理子
発　売／星雲社（共同出版社・流通責任出版社）
〒112-0005 東京都文京区水道1-3-30
TEL 03-3868-3275　FAX 03-3868-6588
印刷・製本／株式会社上野印刷所

ISBN978-4-434-31564-0 C0036